Mehr als Brot und Rosen

Elisabeth von Thüringen heute

Heinz Josef Algermissen
Martin Hein
Christoph Kähler
Joachim Wanke

Mehr als Brot und Rosen

Elisabeth von Thüringen heute

Mit einem Lebensbild von Christian Feldmann
und Abbildungen aus der Kunst

HERDER

FREIBURG · BASEL · WIEN

www.herder.de

Umschlagmotiv
»Elisabeth speist die Hungrigen«.
Kölner Meister, Ende des 14. Jahrhunderts.
Köln, Wallraf-Richartz-Museum
Foto: Verlagsarchiv Herder

Druck und Bindung
fgb · freiburger graphische betriebe
www.fgb.de

Gedruckt auf umweltfreundlichem,
chlorfrei gebleichtem, säurefreiem Papier
Printed in Germany

ISBN 978-3-451-29354-2

Inhalt

Nach Elisabeth fragen

Statt eines Vorworts

Heilige sind meist ganz anders, als wir sie uns gewöhnlich vorstellen. Sie besitzen einen Lebensüberschuss, in den wir uns nur schwer hineindenken können. Trotz aller Versuche, das Unerklärliche ihres Lebens zu erklären, kann die Spannweite ihrer Persönlichkeit niemals vollkommen umfasst werden. Die Sehnsucht nach Aufklärung bleibt zwar, kann aber zugleich zur Versuchung degenerieren, Heilige allgemein und die heilige Elisabeth im Besonderen auf ein uns gängiges Format zu reduzieren mit der Folge, uns mit klischeehaften Bildern zu begnügen. Wir müssen uns hüten, das Leben und Wirken der heiligen Elisabeth »schönzureden« oder »schönzufärben«. Elisabeth ist eine extreme Frau gewesen. Schöngeredet und schöngefärbt vermag sie Menschen nicht mehr zu beunruhigen und die Werte unserer Welt auf den Kopf zu stellen. Und gerade dies hat sie getan!

Heinz Josef Algermissen, katholischer Bischof von Fulda

Elisabeths 800. Geburtstag fällt in eine geistige Situation, die weithin von Verunsicherung und Orientierungslosigkeit geprägt ist. Da tritt sie als Vertreterin eines überzeugend gelebten Christentums mit ihrer ebenso kompromisslosen wie selbstlosen Hingabe in unser Blickfeld. Offensichtlich weckt Elisabeths Hingabe in uns Menschen die Sehnsucht, dass soziale Gerechtigkeit und Solidarität mit den Armen nicht nur ein schöner Traum sind, sondern real gelebt werden können. Was aber ist die Voraussetzung dafür, dass ein Leben in Hingabe nicht zur rücksichtslosen Selbstausbeutung führt, die die eigenen Kräfte völlig verzehrt?

Martin Hein, Bischof der Evangelischen Kirche von Kurhessen-Waldeck

Nicht nur im Elisabethjahr ist Elisabeth von Thüringen ein wunderbares und in manchem ein wundersames Vorbild im Glauben. Aus ihrem kurzen Leben ist eine Fülle von Taten und Verhaltensweisen überliefert, die nicht nur ihre Zeitgenossen beeindruckt haben, sondern bis heute staunen lassen. Mit einer Radikalität, die befremdlich wirkt, folgte sie dem Beispiel des Franziskus von Assisi und seiner Armenbewegung. Koste es, was es wolle … dieser unbedingte Einsatz für die Elenden macht Elisabeth zu einer »evangelischen Heiligen«. Sie lebt strikt nach dem Evangelium und fühlt sich zu den »Protestanten« ihrer Zeit hingezogen, zu Bettelmönchen wie Franz von Assisi. Wie er und wie Christus selbst geht sie zu den Ärmsten. Und zwar radikal und rücksichtslos – gegen alle Regeln, mitunter gegen andere, auch gegen sich selbst. Dieses Leben ist eine Provokation.

Christoph Kähler, Landesbischof der Evangelisch-Lutherischen Kirche in Thüringen

Meine Überlegungen entzünden sich an der Frage: Wie mögen Menschen, die keinen inneren Zugang zum christlichen Glauben haben, das Leben dieser Frau bewerten? Hat dieses Leben auch für sie eine Botschaft? Es war ja zwar ein intensives, aber doch ein kurzes Leben von nur 24 Jahren, spannungsvoll und extrem entbehrungsreich und selbstlos … Viele Zeitgenossen, die keinen Zugang zur Gotteswirklichkeit haben, werden wohl auch auf das kurze Leben dieser jungen Frau mit einem gewissen Bedauern schauen und sich denken: Sie hat ja nichts vom Leben gehabt. Eigentlich schade um dieses Leben! Sie hätte wohl mehr an sich als an andere denken sollen! Damit berühren wir eine der Herausforderungen, die das Leben dieser Heiligen dem heutigen, säkularen Denken stellt: Wie kann das gehen – sich innerlich ganz an Gott zu binden und dabei frei zu werden? Wie ist das möglich – nicht vordergründig nach sich und seinen Lebenswünschen zu fragen und dennoch froh und glücklich zu sein? Ich erinnere hier an das von Elisabeth überlieferte authentische Wort: »Wir müssen die Menschen froh machen!« Welche Freude mag hier gemeint sein?

Joachim Wanke, katholischer Bischof von Erfurt

Elisabeth bewegt

Bischof Joachim Wanke

Vielen Menschen weit über Thüringen hinaus ist der Name der Thüringer Landgräfin Elisabeth ein Begriff. Die Wartburg in Eisenach fehlt auf keinem Besuchsprogramm von Gästen, die Thüringen und seine Geschichte näher kennen lernen wollen. Die Regierung des Freistaates verleiht an verdienstvolle Personen jedes Jahr die so genannte »Elisabeth-Rose« als besondere Auszeichnung.

Wir katholische Christen in Thüringen gedenken dieser großen Frau und Heiligen natürlich vor allem deshalb, weil sie unsere Bistumspatronin ist. Als 1994 das Bistum Erfurt (wieder-)begründet wurde, sind ihm drei Patrone zugeteilt worden: Elisabeth als Hauptpatronin, Bonifatius und Kilian als Nebenpatrone – also drei Heilige mit einem lokalen Bezug zur thüringischen Landschaft (mit Verbindungslinien nach Franken und Hessen).

1 / Eine Heilige, die der ganzen Christenheit gehört

Elisabeth gehört nicht nur uns katholischen Christen. Sie ist eine Heilige der noch ungeteilten Christenheit. Daher freue ich mich sehr, dass auch die evangelischen Kirchen und Christen Thüringens auf vielfältige Weise die große Heilige der ungeteilten Christenheit zusammen mit uns ehren. Das ökumenische Glockenläuten von allen Thüringer Kirchtürmen vom 18. November 2006 zur Eröffnung des Jubiläumsjahres war ein Zeichen dieser gemeinsamen Freude.

Die alten Vorbehalte evangelischer Christen gegenüber der katholischen Heiligenverehrung sind gottlob heute weithin entschärft. Auch der katholische Glaube bekennt eindeutig, dass Heilige niemals Erlösungsmittler im eigentlichen Sinne sein können. Heilige sind in Gott vollendete Menschen, helfende Vorbilder im Glauben, im Hoffen, in der Gottes- und Nächstenliebe. Sie sind exemplarisch geglückte christliche Existenz in je ihrer Zeit und erinnern uns daran, dass auch wir zur Heiligkeit gerufen sind – auch wenn wir vermutlich nicht in den Heiligenkalender aufgenommen werden! Strittig bleibt sicher noch zwischen den Konfessionen, ob man die Heiligen um Fürbitte anrufen kann, was wir katholische Christen unbefangen nach alter Tradition tun. Evangelische Christen werden der Heiligen lieber allein im Gebet an Gott beziehungsweise Christus gedenken – aber wo sind die Heiligen anders als in der Wirklichkeit Gottes?

Doch darf heute gelten: Selbst wenn es zwischen den Konfessionen Unterschiede in der Art und Weise der Heiligenverehrung gibt, so sind diese nicht kirchentrennend. In dem im Jahr 2000 veröffentlichten Dokument evangelischer und katholischer Theologen »Communio sanctorum« (Die Kirche als Gemeinschaft der Heiligen) heißt es: »Die Heiligenverehrung weist alle Formen und Weisen menschlich-konkreter Liebe auf und ist damit stets zeit- und kulturverhaftet. Sie wird in den Kirchen auf sehr unterschiedliche Weise verwirklicht. Deshalb kann ihre Form weder für alle Christen verpflichtend gemacht, noch von partikularen Traditionen aus grundsätzlich infrage gestellt werden« (Nr. 245). Als Papst Johannes Paul II. im Jubiläumsjahr 2000 die Märtyrer der Neuzeit hervorhob, hat er immer auch mit Hochachtung und Verehrung auf die Blutzeugen der evangelischen Christenheit hingewiesen. Man kann sagen: Die Heiligen sind ein Geschenk für die Ökumene. Das wird sich auch beim Gedenken an die heilige Elisabeth zeigen.

Mit dem Lebenszeugnis der heiligen Elisabeth verbindet sich die Erinnerung an tiefe Menschlichkeit, an Solidarität mit den Armen und ungewöhnliche Selbstlosigkeit. Auch in kommunistischer Zeit ist das Leben und Wirken dieser großen Frau, etwa bei Führungen auf der Wartburg, durchaus respektvoll und mit Anteilnahme gewürdigt worden. Hier zeigt sich wieder ein Grundgesetz menschlicher Wahrnehmung: Nächstenliebe und Empfinden für soziale Gerechtigkeit bleiben als Begriffe abstrakt. In Biografien werden solche Prinzipien konkret, bekommen sie im buchstäblichen Sinn ein »Gesicht«.

Zugleich begegnen uns in den Biografien der Heiligen, auch der heiligen Elisabeth, manch befremdliche Dinge. Reinhold Schneider hat das in seinem Essay »Elisabeth von Thüringen« betont: »Sie ist eine in gewisser Hinsicht befremdende, bestürzende Existenz«.[1] Man muss sie zunächst einmal in ihrer Fremdheit stehen lassen. Manches kann man nur verstehen, wenn man einen Zugang zu den Frömmigkeitsformen der Zeit findet, etwa zur speziellen Frauenfrömmigkeit der Beginen jener Zeit oder zu dem Armutsideal des heiligen Franziskus und seiner Ordensbewegung. Doch selbst wenn man solche Verstehenshilfen in Anspruch nimmt: Es bleibt ein harter Kern an Fremdheit, der sich nicht allein aus der jeweiligen Zeit erklären lässt. In jeder Heiligenbiografie, ja in jedem wirklich authentisch christlichen Leben zeigt sich, dass hier jemand aus einem überzeitlichen Horizont heraus, aus dem Gotteshorizont heraus sein Leben und damit seine Zeit prägt. Elisabeth ist letztlich nur zu verstehen, wenn man ihre Christusfrömmigkeit als Quellgrund ihrer Menschenliebe zu würdigen weiß.

Die Entschiedenheit, mit der Elisabeth den Weg der Christusnachfolge ernst nahm und für sich im eigenen Leben konkret werden ließ, ist eine Anfrage, ja eine heilsame Herausforderung für uns Christen, aber auch für die säkulare Gesellschaft heute.

2 / Elisabeth – auch für Nichtchristen?

Wir leben in einer Gesellschaft, in der Christen bekanntlich eine Minderheit bilden und die Kirche mit ihrer Botschaft eine Stimme unter vielen anderen Stimmen ist. Interessant ist freilich, dass Gedenkjahre christlicher Persönlichkeiten durchaus das Interesse auch der nichtchristlichen Öffentlichkeit finden. Das haben die Gedenkjahre der letzten Zeit gezeigt, etwa das Gedenken an Johann Sebastian Bach (2000), an Martin Luther (2001), an Meister Eckardt (2003), an Bonifatius (2004). Meine Überlegungen entzünden sich an der Frage: Wie mögen Menschen, die keinen inneren Zugang zum christlichen Glauben haben, das Leben dieser Frau bewerten? Hat dieses Leben auch für sie eine Botschaft? Es war ja zwar ein intensives, aber doch ein kurzes Leben von nur 24 Jahren, spannungsvoll und extrem entbehrungsreich und selbstlos.

In dem Buch des Soziologen Gerhard Schulze »Die Sünde. Das schöne Leben und seine Feinde«[2], einem Buch, das sich als Loblied auf die »Moral der Selbstentfaltung«

versteht, preist Schulze in scharfer Kontraststellung, ja geradezu in einer Karikatur christlicher Moralvorstellungen den Willen zum selbstbestimmten »schönen« Leben als Alternative. Es sei für den Westen und seine Wertvorstellungen wichtig – so der Autor –, das Augenmerk auf das Privatleben zu lenken und es als Quelle des Selbstbewusstseins zu erschließen. Das Leben dürfe kein »Vorspiel« sein (wie für den mittelalterlichen Menschen), sondern dieses irdische Leben müsse die Hauptsache bleiben, die sinngebende Größe schlechthin. Schulze predigt sicher nicht einfach einen primitiven Hedonismus. Es geht ihm um Selbstentfaltung, um Steigerung des Lebensgenusses, und dazu gehört nach ihm durchaus auch Verantwortung, auch gegebenenfalls der Verzicht und die Selbstbegrenzung – aber eben um einer gesteigerten Selbsterfahrung willen. Sicher: Schulze weiß auch, dass es nicht einfach ist, noch Wünsche zu haben, wenn man sich alle erfüllen kann. Er kann die Paradoxien und Ungereimtheiten des modernen Lebens sehr amüsant beschreiben. Doch bleibt es dabei: Für ihn kann nur der Mensch selbst die einzige Quelle einer Ethik der Moderne sein, alles andere sei Fremdbestimmung und führe in falsche Abhängigkeit, ja zu Fanatismus und Gewalt gegen andere. Dieser Verdacht eines latenten Fundamentalismus gegenüber einer sich christlich verstehenden Lebensführung wird heute häufig geäußert.

Ob dieser Autor etwas mit dem Leben der heiligen Elisabeth anfangen kann? Ob er ihr dem Dienst am Nächsten geweihtes Leben – und ich setze hier einmal eine allgemeine Kenntnis ihrer Vita voraus – als gelungenes, als »geglücktes Leben« ansehen könnte? Ich vermute einmal: nein. Und viele Zeitgenossen, die keinen Zugang zur Gotteswirklichkeit haben, werden wohl auch auf das kurze Leben dieser jungen Frau mit einem gewissen Bedauern schauen und sich denken: Sie hat ja nichts vom Leben gehabt. Eigentlich schade um dieses Leben! Sie hätte wohl mehr an sich als an andere denken sollen!

Damit berühren wir eine der Herausforderungen, die das Leben dieser Heiligen dem heutigen, säkularen Denken stellt: Wie kann das gehen – sich innerlich ganz an Gott zu binden und dabei frei zu werden? Wie ist das möglich – nicht vordergründig nach sich und seinen Lebenswünschen zu fragen und dennoch froh und glücklich zu sein? Ich erinnere hier an das von Elisabeth überlieferte authentische Wort: »Wir müssen die Menschen froh machen!« Welche Freude mag hier gemeint sein?

Elisabeths Biografie wirft die Frage auf, aus welchen Quellen sich das Selbstverständnis des Menschen letztlich speist. Gibt es wirklich nur die Alternative: Fremdbestimmung und Selbstbestimmung? Aufgezwungene Moral, zumindest von außen her auferlegte Moral oder »Ethik der Selbstentfaltung«, eine Lebenssicht, die sich in einer nur irdischen, ausschließlich innerweltlichen Sicht des menschlichen Daseins erschöpft?

Die Elisabeth-Biografie konfrontiert unausweichlich mit dieser Fragestellung. Wer Elisabeth von Thüringen ehren und ihrer gedenken will, muss die ganze Elisabeth in den Blick nehmen. Und dazu gehört nicht nur ihre barmherzige Zuwendung zu den Armen und Kranken, dazu gehört nicht nur ihr Ausbrechen aus Standesschranken und ihre Kritik an der Ungerechtigkeit damaliger gesellschaftlicher Verhältnisse – dazu gehört auch ihr Leben in einer durchhaltenden, tragenden Gottesgegenwart, in einer intensiven Christusfrömmigkeit. Die entsprechenden Hinweise in ihrer Biografie sind eindeutig und überzeugend belegt. Um noch einmal Reinhold Schneider zu zitieren: »Sie steht nicht allein in der Landes-, sondern in der Weltgeschichte, und zwar an bedeutender Stelle; und sie steht in der Heilsgeschichte.«

Jedes Heiligenleben ist eine Anfrage an die Gottesvergessenheit unserer Gegenwart. Papst Benedikt XVI. hat bei seinem Besuch 2006 in seiner Predigt in München auf eine gewisse »Schwerhörigkeit« der westlichen Gesellschaften gegenüber Gott hingewiesen. In seinem Fernsehinterview, das er im Sommer 2006 in Castel Gandolfo gegeben hatte, sprach er von der positiven Option des christlichen Glaubens, eines Glaubens, der den Menschen nicht einengen, sondern seinen Horizont weiten will hin zur Wahrnehmung der ganzen Wirklichkeit. Im gewissen Sinn ist auch seine erste Enzyklika »Deus Caritas est« eine Einladung, Gott als eine Wirklichkeit zu erkennen, die den auf Gottes Liebe antwortenden Menschen nicht klein, sondern groß machen will.

3 / »Die Freiheit der Kinder Gottes«

Wir müssen uns vor Augen halten, dass vermutlich viele Menschen in einer säkularen Lebenswelt mit dem Attribut »heilig« wenig anfangen können. Das hat nicht nur etwas mit der jahrhundertealten Zurückdrängung der Heiligenverehrung in der reformatorischen Frömmigkeit zu tun, mehr noch mit dem Säkularismus einer kirchenentfremdeten Bevölkerung, die mit Gott und einer religiösen Lebenspraxis wenig oder überhaupt nichts anfangen kann.

Ich illustriere gern meine Erfahrung mit der kirchen- und religionsfernen Mentalität breiter Bevölkerungsschichten hier in Thüringen mit einem kleinen Erlebnis, das für mich sehr erhellend gewesen ist. Am »Tag der deutschen Einheit« im Jahr 2000 sollte ich in Sichtweite des jüngst freigegebenen Autobahnkreuzes Erfurt ein neu errichtetes Holzkreuz einweihen, an der Autobahn A4 etwa 300 Meter in Fahrtrichtung Eisenach rechts auf einem kleinen Hügel. Von dieser Stelle hat man einen wunderbaren Blick hin zu den so genannten »Drei Gleichen«, drei mittelalterlichen Burgen. Eine davon ist mit der Erinnerung an das Leben und Wirken der heiligen Radegundis verknüpft, einer thüringischen Königstochter, die von den Franken nach Poitiers verschleppt wurde und auch dort bis heute verehrt wird. Auch Bischof Bonifatius hatte diese Gegend im 8. Jahrhundert durchwandert. Ich denke an Sülzenbrücken, wo noch Ruinen an eine bonifatianische Kirche erinnern, und an die Gründung des Klosters in Ohrdruf. Man sieht von dieser Höhe, auf der das Kreuz steht, eine Reihe von Kirchtürmen der umliegenden Orte, und von Ferne grüßt die Bergkette des Thüringer Waldes.

Bürger der nahe gelegenen Orte Neudietendorf und Kornhochheim hatten zu dieser Kreuzerrichtung die Initiative ergriffen. Die Behörden gaben die Erlaubnis und unterstützten das Vorhaben. An die 300 Menschen, Jung und Alt, waren an dem sonnigen Nachmittag bei dem Kreuz versammelt. Der Volkschor und Bläser standen bereit, der zuständige evangelische und katholische Pfarrer waren präsent. In seiner Begrüßung fragte der Bürgermeister ein wenig selbstkritisch: »Was machen wir hier eigentlich? Wir sind doch hier nicht in Bayern oder im katholischen Eichsfeld!« Er spielte damit auf die Tatsache an, dass die wenigsten unter den Versammelten Christen waren. Den Kindern war der Ritus einer kirchlichen Segnung so fremd, dass sie – als ich mein Weihwassersprengel zückte und das Kreuz einzusegnen begann – mit Staunen riefen: »Jetzt spritzt er uns nass!« Das Vaterunser kam nur einem kleinen Teil der zur Kreuzeinweihung Anwesenden geläufig über die Lippen. Aber: Die Menschen waren zur Feier gekommen. Sie kommen, wie ich mir habe berichten lassen, an jedem 3. Oktober zu diesem Kreuz. Ich würde die Stimmung, wie ich sie damals in mich aufgenommen habe, so kennzeichnen: Hier sind Menschen, die angesichts des Kreuzes in ihrer Feldflur sich sagen: »Ob Religion helfen kann, ist nicht gewiss. Aber ein wenig Religion kann zumindest nicht schaden!«

Diese kleine Episode sagt mehr als manche Statistik. Wir haben schon lange keine volkskirchlichen Verhältnisse mehr. Und dennoch: Diese ungetauften Menschen sind beileibe nicht alle bekennende Atheisten. Die Leute um uns herum haben, wie ich meine, ein ambivalentes Interesse an den christlichen Wurzeln ihrer Heimat. Als in einem der Dörfer in der Nähe von Erfurt vor kurzem eine Kirche abbrannte, haben sich alle Einwohner des Ortes, auch jene, die von der Kirche ansonsten keinen Gebrauch machen, für den Wiederaufbau »ihrer« Kirche eingesetzt. Die evangelischen Bischöfe Christoph Kähler und Axel Noak haben mir dieses Interesse von Nichtchristen am Erhalt der Gotteshäuser als durchgängiges Phänomen immer wieder bestätigt. Und das ist erfreulich.

Dennoch ist festzuhalten: Wir gedenken einer Heiligen der ungeteilten Christenheit in einem Land, das vom Phänomen einer verbreiteten religiösen Indifferenz gekennzeichnet ist. Es ist, als ob hierzulande viele Zeitgenossen eine Art »Sprachverlust« erlitten haben. Sie sind nicht mehr in der Lage, bestimmte menschliche Grunderfahrungen in religiösen Worten oder Zeichen auszudrücken. Christlich-kirchliche Vokabeln sind für sie wie »Chinesisch«. Warum das so ist, ist nochmals eine eigene Frage.

Bezüglich der östlichen Bundesländer ist sicher eine Ursache dafür der Ausfall beziehungsweise die staatlich verordnete Verdrängung von Religion aus der gesellschaftlichen Öffentlichkeit der vier Jahrzehnte nach dem letzten Weltkrieg, eine Fortsetzung des Kampfes gegen das Christentum, den wir ab 1933 erlebten. Da die kommunistische Ideologie die Religion und speziell das Christentum zu den reaktionären Kräften zählte, deren gesetzmäßiges Absterben sich freilich merkwürdig verzögerte, versuchte man dieses Absterben staatlicherseits zu beschleunigen. Von Gewicht war neben mancherlei Schikanen und Repressionen vor allem der Ausfall einer religiösen Wissensvermittlung im Bereich der schulischen und außerschulischen Bildung.

Doch sollte die Situation der neuen Bundesländer nicht zu sehr als Sondersituation betrachtet werden. Die Herausforderungen für eine christliche Verkündigungsarbeit in Ost und West ähneln sich letztlich doch sehr. Ich komme dabei noch einmal auf den Verdacht zurück, den manche nichtreligiöse Zeitgenossen gegen den christlichen Gottesglauben haben: Der Glaube mache unfrei und er verdüstere das Leben. Wie kann man darauf antworten? Mit Worten? Mit Argumenten? Ich meine: Die beste Antwort ist eine Biografie wie die der heiligen Elisabeth. Ihr Leben ist wie eine Illustration einer Freiheit, wie sie nur die »Kinder Gottes« haben können. Wie ist diese »Freisetzung aus dem Glauben« zu verstehen?

»Ich bin so frei!« – das ist eine geläufige Redewendung, wenn jemand an einer Festtafel kräftig zulangt. Als an meinem Tisch bei ähnlicher Gelegenheit ein kleiner Knirps beim sechsten Kuchenstück angelangt war, antwortete er mir auf meine vorsichtige Anfrage, ob es ihm nicht zu viel würde: »Lieber Bischof, die Stückchen sind doch so klein!« So sind wir Menschen: Wir nehmen uns die Freiheit – und wissen manchmal nicht, wann es genug ist. Oder sollten wir sagen: Gott gibt uns die Freiheit – aber können wir auch in rechter Weise aus ihr leben?

Wir leben und bewegen uns heutzutage viel freier als früher. Das ist zunächst einmal ein großes Geschenk. In einer Fernsehsendung konnte man vor einiger Zeit miterleben, wie eine Familie einige Wochen so zu leben versuchte wie eine Bauernfamilie im Schwarzwald vor hundert Jahren. Diese Familie ist, so wurde später berichtet, gern wieder in das heutige Leben zurückgekehrt. Es gab früher viele Zwänge, denen wir nicht wieder ausgesetzt sein möchten.

Dennoch ist es eine Illusion zu meinen, wir seien in jeder Hinsicht völlig frei. Auch das moderne Leben hält viele Zwänge für uns bereit, etwa, wenn einer keine Arbeit findet. Die zig Automarken, unter denen ich heute wählen kann, helfen mir bei einem klammen Geldbeutel auch nicht weiter. Und wem nützen großartige Urlaubsmöglichkeiten, wenn er den Euro in der Tasche umdrehen muss oder wenn ihn Krankheit oder Sorge um Angehörige fest anbinden.

Zum heutigen Leben gehört auch diese Erfahrung: Ich *kann* nicht nur entscheiden – ich *muss* mich entscheiden. In unserer komplizierten, unübersichtlichen Welt ist das nicht einfach, ja manchmal eine Last. Dennoch: Wir möchten die heutigen Freiheitsmöglichkeiten nicht missen. Mit Recht haben Generationen vor uns um sie gekämpft – oft unter schweren Opfern. Wir im Osten Deutschlands sind froh, in unserer Generation den Übergang vom Ideologiestaat in eine freie Gesellschaft erlebt zu haben. Freiheit ist ein großartiges Geschenk. Nur in Freiheit kann der Mensch gedeihen. Freiheit gehört zu unserer Würde.

Die Klagen über zunehmenden Missbrauch von Freiheit sind freilich sehr beliebt. Ich antworte darauf: Solche Klagen helfen nicht. Zudem gab es auch früher Versagen und Missbrauch von Freiheit. Freilich stützten früher mehr als heute gesellschaftliche Gepflogenheiten den Einzelnen, auch den einzelnen Christen. »Man macht das eben so!« Oder: »Man tut das nicht!« Etwa: Man heiratet und lebt nicht einfach ohne Trauschein zusammen. Es gab nichthinterfragte gesellschaftliche und auch kirchliche Selbstverständlichkeiten.

Heute sind solche Selbstverständlichkeiten Mangelware geworden. Darin besteht für Christen die Herausforderung der Stunde. Wir müssen immer neu, weithin auf uns allein gestellt, persönliche Entscheidungen treffen. Darin ist auch unser Leben als Christ in gewissem Sinne modern geworden. »Soll ich heute beten – oder soll ich nicht?« »Soll ich zur Kirche gehen – oder lasse ich es?« »Ziehen wir einfach zusammen – oder geben wir uns zuvor am Altar das Ja-Wort?« »Sagen wir als Eltern Ja zum ungeborenen Kind, auch wenn es uns jetzt nicht in die Lebensplanung passt – oder verweigern wir uns dem werdenden Leben?«

Ich habe die Freiheit, so oder so zu handeln. Keiner kontrolliert mich. Keiner nimmt an meinem Verhalten Anstoß. Die Gesellschaft sagt: »Das musst du mit dir selbst ausmachen. Bestraft wirst du nur, wenn du einem anderen in die Quere kommst – oder wenn du vergisst, deine Steuern zu zahlen!«

Das ist unsere Situation. Ich meine: Sie ist für echtes Christentum nicht die schlechteste. Der geweitete Freiheitsraum hilft unserem Glauben aus den Kinderschuhen. Glaube wird eigene Entscheidung und Tun, und deshalb echter und glaubwürdiger. Freiheit drückt unserem Glauben das Qualitätssiegel auf.

Der Schöpfer hat den Menschen mit Freiheit ausgestattet, weil nur ein freies Ja des Geschöpfes Glaube und Vertrauen Gott gegenüber wertvoll machen. Wer hat schon Geschenke gern, die gedankenlos oder nur aus Gewohnheit heraus oder gar erzwungen gemacht werden! Solche Geschenke haben keinen wirklichen Wert. In der Liebe gibt es keinen Zwang. Aber es gibt in ihr frei gewollte Bindung. Das ist wie beim Bergsteigen: Ein Kletterseil bindet. Aber es ermöglicht auch den sicheren Aufstieg in die Höhe. Aus einer Bindung kann neuer Freiraum erwachsen. Darum ist mir das Wort des Apostels Paulus so wichtig: »Zur Freiheit hat uns Christus befreit!« (Galater 5,1). Wer sich von Gott geliebt weiß, hat keine Angst vor Freiheit.

Wozu dann aber Gebote? Gebote und Vorschriften, auch für den Christen, sind so etwas wie Leitplanken, die auf Autobahnen und Straßen an gefährlichen Stellen davor schützen, in den Graben zu fahren. Solche Hinweise und Verbotstafeln sind sehr hilfreich und aller Beachtung wert. Wer sich nicht danach richtet, spürt bald die Konsequenzen. Aber Autofahren ist mehr als Starren auf Verbotsschilder. Für mein Gottesbild ist wichtig: Gott straft nicht. Aber er lässt Folgen zu. Positiv gesprochen: Was wirklich zählt, ist eine Freiheit, die sich um der Gottes- und Nächstenliebe willen selbst bindet. Jetzt haben wir den Kern der geistlichen Biografie der heiligen Elisabeth berührt. Das ist – so meine ich – ihre Botschaft an uns Menschen des beginnenden 21. Jahrhunderts. Heute bemühen sich auch nichtreligiöse Menschen merkwürdigerweise wieder um das Fasten. Sie wollen sich Freiräume zurückerobern, die ihnen eine exzessive Werbung genommen hat. Manche staunen dann, dass sie doch von zwanghaften Gewohnheiten loskommen. Sie entdecken: »In mir steckt mehr, als ich wusste!« »Ich bin freier, als ich meinte!« »Ich tauge zu mehr, als ich dachte!« Aus der Selbstbeschränkung erwächst eine Selbstüberschreitung.

Bleibt der Mensch dabei auf sich selbst angewiesen, hat er niemanden, der ihn herausfordert, der ihn lockt, der ihm neue Horizonte eröffnet. Er kennt nicht den Gott und Vater unseres Herrn, so wie Elisabeth ihn kannte. In der Begegnung mit ihm durfte sie erfahren, dass er das Leben weit machen kann. Dass er Freiheit schenkt, dort, wo gesellschaftliche Konventionen einengen. Dass er den Menschen, der sich um der Liebe willen klein macht, ganz groß werden lässt. Selbstbegrenzung um eines höheren Gutes willen engt nicht ein, sondern setzt frei.

Aber damit haben wir noch zu wenig gesagt. In einem Sammelband über die Zehn Gebote[3] weist Hans Joas auf das Missverständnis hin, dass das christliche Liebesgebot oft nur wie ein von außen auferlegtes Gesetz verstanden wird. Schon das Judentum wusste: Das Gesetz Gottes ist kein drückendes Joch, sondern eine Gabe. Wenn man von diesem Bundesgedanken her etwa Jesu Gebot der Gottes- und Nächstenliebe interpretiert, gewinnt es eine neue, befreiende Bedeutung: Es ist dann nicht mehr autoritäre Setzung, sondern Eröffnung eines Lebensraumes. Hans Joas schreibt: »Wenn wir der Liebe begegnen, haben wir zwar die Erfahrung der Unbedingtheit, aber doch nicht der Unterwerfung.«[4] Darum ist übrigens so wichtig, die unveräußerlichen Rechte des Menschen nicht bloß als menschliche Satzung anzusehen (warum sollten sie dann Verbindlichkeit haben?), sondern als vorgängig von Gott gegebene Gabe, deren Annahme und Respektierung erst den Raum einer wahren Selbstverwirklichung eröffnet. Die folgenden Sätze von Joas aus dem genannten Werk habe ich – obwohl hier nicht von Elisabeth die Rede ist – wie eine hilfreiche Einführung in das Geheimnis ihres Lebens verstanden:

»Wenn aus der Liebe Pflichten folgen, bleiben diese in der Liebe gegründet und werden nicht zu bloßen äußerlichen Pflichten. Deshalb erlebt der Liebende die Beziehung zum Geliebten nicht als Einschränkung seiner Autonomie, sondern als ihre Erfüllung, ja vielleicht erst als ihre Ermöglichung. In dem Maße, in dem wir uns die Beziehung zu Gott als eine wechselseitige Liebe vorstellen, in dem Maß verstehen wir, dass wir durch Gottes liebende Zuwendung, zu der das Liebesgebot gehört, in seiner Folge aber auch die von der Liebe durchdrungenen Gebote im einzelnen, erst freigesetzt werden zu wirklicher Autonomie.«[5] Und Joas schließt einen Satz des französischen Denkers Paul Ricoeur an, der sagt: »In diesem Sinne erzeugt die Theonomie, verstanden als ein Anruf zum liebenden Gehorsam, die Autonomie, verstanden als Aufruf zur Verantwortung.«[6]

4 / Christliches Lebenszeugnis

Es wäre interessant, wenn es unter deutschen Katholiken einmal eine religiöse PISA-Studie gäbe, eine Untersuchung nicht darüber, ob wir ordentlich lesen und klug kombinieren können, sondern ob wir begriffen haben, was das heutzutage heißt: Leben aus der Freiheit der Kinder Gottes. Ein Nichtchrist fängt an Elisabeth zu verstehen, wenn er zumindest ansatzweise unter heutigen Menschen, unter uns Christen eine ähnlich von Gott her motivierte Freiheit und sich selbst bindende Verantwortlichkeit für andere entdeckt.

Ich nenne in diesem Zusammenhang einmal bewusst eine Haltung den Nichtglaubenden gegenüber, die von eigener religiöser Entschiedenheit und gleichzeitig von Vornehmheit und Respekt vor dem Mitmenschen und seinen Überzeugungen gekennzeichnet ist: eine Haltung der Sehnsucht, sich in der Liebe zu Gott immer tiefer zu verwurzeln. Vielleicht bringt ein Wort, das Mutter Teresa von Kalkutta zugeschrieben wird, das auf den Punkt, was ich meine. Sie hat einmal gesagt: »Sprich nie mit einem anderen über deinen Glauben, wenn du nicht gefragt wirst. Aber lebe so, dass du gefragt wirst!«

Wir, die Glaubenden haben Gott nicht zur Verfügung wie einen Markenartikel. Wir können freilich durch unsere Lebensführung und unser Verhalten die Menschen auf das Gottesgeheimnis hinweisen, aus dem wir selbst Hoffnung und Kraft schöpfen. Uns ist ja dieser Gott durch Jesus Christus offenbart worden, und zwar als ein Gott der Liebe und des Erbarmens, als ein Gott, der uns Würde und Freiheit schenkt. Ein solches Lebenszeugnis, das für andere zum Anlass des Fragens, des Nachdenkens wird, braucht freilich geistliche Wachsamkeit, eine Offenheit für Gott im Alltag. Das Grundwasser der Gottessehnsucht muss unter uns steigen. Dann kann vieles auch in diesem säkularen Land wieder religiös wachsen und zum Blühen kommen.

»Elisabeth ist ein einziges Flehen um Gnade für eine von Kämpfen aufgewühlte Welt« (Reinhold Schneider). An ihrem Lebenszeugnis lässt sich begreifen, wie sehr der Gottesglaube eine Gabe, eine Herausforderung zu gelingendem

Leben ist. Menschenfreundlichkeit und Gottesliebe gehören untrennbar zusammen. Die beste Form des Gedenkens an die heilige Elisabeth ist – das genaue Hinschauen. Unsere Zeit hat andere Nöte und Herausforderungen als jene des mittelalterlichen Feudalstaates, in dem Elisabeth zur Hocharistokratie gehörte. Was Elisabeth von ihren Standesgenossen unterschied, war ihre Bereitschaft, angesichts des Elends ihrer Zeit nicht wegzuschauen. Um genau dieses Anliegen wird es uns auch in diesem Jahr gehen: Hinschauen, möglichst genau und konkret. Es gilt, die Nöte unserer Zeit beim Namen zu nennen. Dazu wollen wir die Gemeinden sensibilisieren, unsere katholischen Verbände und Gemeinschaften, aber auch die Öffentlichkeit und nicht zuletzt auch die Politik.

Und schließlich gilt auch dieses Anliegen: Handeln statt Reden. Aus dem Hinschauen soll und muss ein Handeln werden. Das wird in vielen Fällen nur zeichenhaft und beispielhaft sein können, aber das wird nicht ohne Wirkung bleiben. Unsere Gesellschaft braucht mehr als Gerechtigkeit. So notwendig diese auch ist – auf dem Fundament der Gerechtigkeit braucht unser gesellschaftliches Haus auch Barmherzigkeit.

5 / Barmherzigkeit heute

Barmherzigkeit hat heute kaum Konjunktur. Das Schlüsselwort des heutigen gesellschaftlichen Grundgefühls lautet: Gerechtigkeit. »Ich muss mir meine Rechte einfordern!« »Das steht mir zu!« Oder auch in der Variante: »Keiner darf diskriminiert werden!« Wir haben heute Gleichstellungsbeauftragte, sogar ein Gleichstellungsgesetz. Ich bedauere heute schon die Richter, die nach Maßgabe von Paragrafen beurteilen müssen, ob jemand diskriminiert worden ist oder nicht. Nichts gegen Gesetze. Es ist schon gut, wenn die Grundrechte der Menschen, der Behinderten zum Beispiel oder der Kinder, gesichert werden. Es ist gut, wenn man sich auch vor Gerichten gegen Willkür und Benachteiligungen wehren kann.

Aber jeder Einsichtige wird zugeben: Allein durch Paragrafen wird unsere Welt nicht menschlicher. Neben der Gerechtigkeit braucht es das Erbarmen, braucht es die Liebe, die dem Nächsten einfach gut sein will – auch wenn dafür keine Belohnung ausgesetzt ist und keine Strafandrohung dies erzwingt. Wie kostbar Erbarmen ist, kann jeder für sich am ehesten durchbuchstabieren, wenn er sich vorstellt, einem unbarmherzigen Menschen ausgeliefert zu sein. Gegen Unbarmherzigkeit helfen in der Regel keine Gesetze und keine Paragrafen. Gegen Unbarmherzigkeit hilft nur eine Umkehr im Herzen.

Barmherzigkeit hat in den unterschiedlichen Zeiten immer auch eine unterschiedliche Ausprägung gehabt. In einer Welt ohne Bestattungsinstitute war es ein Werk der Barmherzigkeit, Tote zu begraben. Aus einem Werk der Barmherzigkeit wurde später dann eine gesellschaftliche Selbstverständlichkeit. Inzwischen – angesichts der hohen Preise für eine Beerdigung – ist es schon wieder ein Werk der Barmherzigkeit, auch Hartz-IV-Empfängern ein würdiges und erschwingliches Begräbnis zu ermöglichen.

Ohne Zweifel bleiben die klassischen sieben Werke der Barmherzigkeit zeitlos in Geltung: Hungrige speisen, Durstige tränken, Fremde beherbergen, Nackte kleiden, Kranke pflegen, Gefangene besuchen und die Toten bestatten – oder die sieben so genannten »geistlichen« Werke der

Barmherzigkeit: belehren, raten, trösten, ermutigen, vergeben und geduldig ertragen.[7]

Doch die Gestalt der Barmherzigkeit wandelt sich. Wie könnte Barmherzigkeit heute aussehen, in einer Gesellschaft, in der soziale Absicherung und Fürsorge weithin vom Staat garantiert werden?

Ich habe einmal Menschen befragen lassen, was sie heute unter »Barmherzigkeit« verstehen. Gemeindemitglieder, Caritasmitarbeiter, Diakone haben Leute gefragt, die sich in einer Notsituation befinden. Die Frage lautete: »Welches Werk der Barmherzigkeit wäre aus ihrer Sicht heute besonders notwendig?« Es kamen interessante und bedenkenswerte Antworten, für die ich auch an dieser Stelle herzlich danke – denen, die sich als Fragesteller zur Verfügung gestellt haben, aber auch besonders jenen, die auf diese Fragen geantwortet haben. Die Antworten sind eingeflossen in die Formulierung von sieben Werken der Barmherzigkeit für Thüringen heute. Die Formulierung dieser sieben Werke der Barmherzigkeit stammt nicht von mir. Sie ist ein Gemeinschaftswerk – und darum sind diese sieben Werke heutiger Barmherzigkeit für mich besonders wertvoll und überzeugend.

(1) Einem Menschen sagen: »Du gehörst dazu.«

Was unsere Gesellschaft oft kalt und unbarmherzig macht, ist die Tatsache, dass in ihr Menschen an den Rand gedrückt werden: die Arbeitslosen, die Ungeborenen, die psychisch Kranken, die Ausländer und so fort. Das Signal, auf welche Weise auch immer ausgesendet: »Du bist kein Außenseiter!« »Du gehörst zu uns!« – zum Beispiel auch zu unserer Pfarrgemeinde – das ist ein sehr aktuelles Werk der Barmherzigkeit.

(2) Ich höre dir zu.

Eine oft gehörte und geäußerte Bitte lautet: »Hab doch einmal etwas Zeit für mich!« – »Ich bin so allein!« – »Niemand hört mir zu!« Die Hektik des modernen Lebens, die Ökonomisierung von Pflege und Sozialleistungen zwingt zu möglichst schnellem und effektivem Handeln. Es fehlt oft – gegen den Willen der Hilfeleistenden – die Zeit, einem anderen einfach einmal zuzuhören. Zeit haben, zuhören können – ein Werk der Barmherzigkeit, paradoxerweise gerade im Zeitalter technisch perfekter, hochmoderner Kommunikation so dringlich wie nie zuvor!

(3) Ich rede gut über dich.

Jeder hat das schon selbst erfahren: In einem Gespräch, einer Sitzung, einer Besprechung – da gibt es Leute, die zunächst einmal das Gute und Positive am anderen, an einem Sachverhalt, an einer Herausforderung sehen. Natürlich: Man muss auch manchmal den Finger auf Wunden legen, Kritik üben und Widerstand anmelden. Was heute freilich oft fehlt, ist die Hochschätzung des anderen, ein grundsätzliches Wohlwollen für ihn und seine Anliegen und die Achtung seiner Person. Gut über den anderen reden – ob nicht auch Kirchenkritiker manchmal barmherziger sein könnten?

(4) Ich gehe ein Stück mit dir.

Vielen ist mit einem guten Rat allein nicht geholfen. Es bedarf in der komplizierten Welt von heute oft einer Anfangshilfe, gleichsam eines Mitgehens der ersten Schritte, bis der andere Mut und Kraft hat, allein weiterzugehen. Das Signal dieses Werkes der Barmherzigkeit lautet: »Du schaffst das! Komm, ich helfe dir beim Anfangen!« Unsere

Sozialarbeiter der Caritas wissen, wovon ich rede. Aber es geht hier nicht nur um soziale Hilfestellung. Es geht um Menschen, bei denen vielleicht der Wunsch da ist, Gott zu suchen. Sie brauchen Menschen, die ihnen Rede und Antwort stehen und die ein Stück des möglichen Glaubensweges mit ihnen mitgehen.

(5) Ich teile mit dir.
Es wird auch in Zukunft keine vollkommene Gerechtigkeit auf Erden geben. Es braucht Hilfe für jene, die sich selbst nicht helfen können. Das Teilen von Geld und Gaben, von Möglichkeiten und Chancen wird in einer Welt noch so perfekter Fürsorge notwendig bleiben. Ebenso gewinnt die alte Spruchweisheit gerade angesichts wachsender gesellschaftlicher Anonymität neues Gewicht: »Geteiltes Leid ist halbes Leid, geteilte Freude ist doppelte Freude!«

(6) Ich besuche dich.
Meine Erfahrung ist: Den anderen in seinem Zuhause aufsuchen ist besser, als darauf warten, dass er zu mir kommt. Der Besuch schafft Gemeinschaft. Er holt den anderen dort ab, wo er sich sicher und stark fühlt. Die Besuchskultur in unseren Pfarrgemeinden ist sehr kostbar. Lassen wir sie nicht abreißen! Gehen wir auch auf jene zu, die nicht zu uns gehören. Sie gehören Gott, das sollte uns genügen.

(7) Ich bete für dich.
Wer für andere betet, schaut auf sie mit anderen Augen. Er begegnet ihnen anders. Auch Nichtchristen sind dankbar, wenn für sie gebetet wird. Ein Ort in der Stadt, im Dorf, wo regelmäßig und stellvertretend alle Bewohner in das fürbittende Gebet eingeschlossen werden, die Lebenden und die

Toten – das ist ein Segen. Sag es als Mutter, als Vater deinem Kind: Ich bete für dich! Tun wir es füreinander, gerade dort, wo es Spannungen gibt, wo Beziehungen brüchig werden, wo Worte nichts mehr ausrichten. Gottes Barmherzigkeit ist größer als unsere Ratlosigkeit und Trauer.

6 / »Gesichter sind wichtiger als Worte«

Die Erinnerung an die heilige Elisabeth soll nicht nur ein historisches Gedenken aus Anlass ihres 800. Geburtstages bleiben. Elisabeth soll uns in Bewegung bringen. Wir brauchen auch heute etwas von dem Geist ihrer starken Gottes- und Nächstenliebe, damit es hell und menschlich bleibt in der Welt, freundlich und – eben – barmherzig. Es ist gut, dass wir die Heiligen haben. »Elisabeth bewegt!« (Motto des Elisabethjahres im Bistum Erfurt).

In einer Begegnung mit Papst Benedikt XVI. sagte der Heilige Vater im Blick auf das Elisabethjahr ein Wort, das ich gern weitergeben möchte: »Gesichter sind wichtiger als Worte!« Und das meint: Wir, jeder Einzelne von uns, ist wichtiger als noch so viele schöne Predigten, Reden oder Ausstellungen über Elisabeth.

Elisabeth hat das gleiche Evangelium gehört, das uns auch heute verkündet wird. »Gott ist die Liebe«, sagt uns Johannes, »und wer in der Liebe bleibt, bleibt in Gott« (1 Johannes 4,16). Und Matthäus ruft in unsere so geschäftige, vom Geld und den Aktienkursen beherrschte Gesellschaft hinein: Wer den Kleinen und Geringen dient, der dient Christus (vgl. Matthäus 25). Das hat Elisabeth bewegt. Diese Botschaft hat sie sich zu Herzen genommen. Jesu Lebensvorbild wird der Maßstab sein, nach dem unser aller

Leben einmal bewertet werden wird. Und da werden manche Große sehr klein aussehen, und manche Kleine, etwa jene, die ehrenamtlich in der Suppenküche mitarbeiten oder Stationsgottesdienste halten oder Kranke besuchen oder alte Eltern pflegen – sie werden groß dastehen.

Gerade im Bereich zwischenmenschlicher Beziehungen gilt es, der gesellschaftlich anzutreffenden Kälte zu widerstehen und Räume zu bewahren und auszubauen, in denen der Mensch Zuwendung und Wärme empfangen kann, in denen Barmherzigkeit gelebt wird und Solidarität für jene, die allein nicht mit dem Leben zurechtkommen. Hier öffnet sich übrigens ein weites Feld der Zusammenarbeit von Christen und Nichtchristen – ganz im Sinne der heiligen Elisabeth.

1 Reinhold Schneider, Elisabeth von Thüringen, Frankfurt am Main 5. Aufl. 1997.

2 Gerhard Schulze, Die Sünde. Das schöne Leben und seine Feinde, München 2006.

3 Hans Joas, Die zehn Gebote. Ein widersprüchliches Erbe? Köln–Weimar–Wien 2006.

4 Joas, Gebote [Anm. 3], 183.

5 Ebd.

6 Ebd.

7 Vgl. Katechismus der Katholischen Kirche. Neuübersetzung aufgrund der *editio typica latina*, Leipzig 2003, 2447.

Mehr als Rosen. Brot.

Elisabeth von Thüringen heute

LANDESBISCHOF CHRISTOPH KÄHLER

1 / Evangelisches Elisabethjahr

Die Regentin auf der Wartburg war schon zu Lebzeiten eine Legende als reiche Landgräfin und radikale Christin, Schwester der Armen und Kranken. Die »Heilige Elisabeth« feiert im Jahr 2007 ihren 800sten Geburtstag. Wir evangelische Christen sind in Thüringen mit 150 Veranstaltungen dabei in diesem Jubiläumsjahr.

Dies verwundert und verwirrt manche Zeitgenossen. Selbstverständlich sprechen katholische und orthodoxe Christen von Heiligen, ja sie sprechen sie an. Das weiß jeder, der den Papst vom Dalai Lama unterscheiden kann. Dass aber evangelische Christen auch ein positives Verhältnis zu Heiligen haben können, ist weniger bekannt.

»Die Evangelischen haben doch gar keine Heiligen!«, höre ich immer wieder. Das ist richtig – und falsch. Zunächst einmal sind wir alle heilig, zumindest im biblischen Sinne. »Heilig« ist, wer zu Gott gehört. So sprechen wir Christen jeden Sonntag im Apostolischen Glaubensbekenntnis: »Ich glaube an die Gemeinschaft der Heiligen«. Zu dieser Gemeinschaft zählen alle, die sich zu Christus bekennen. Also: Alle Christen, ob evangelische oder katholische oder orthodoxe, sind Heilige.

Daneben gibt es aber auch die bekannten, besonderen Heiligen, denen Gedenktage und Kirchen gewidmet sind. Im frühen Christentum waren es oft Märtyrer, verfolgt und gefoltert verleugneten sie dennoch nicht ihren Gott. Im Laufe der Jahrhunderte gab und gibt es immer wieder Christen, die ihren Glauben überzeugend gelebt und verteidigt haben – Menschen eben wie Elisabeth oder auch Dietrich Bonhoeffer und Werner Sylten. Auch sie gelten vielen evangelischen Christen als »Heilige«.

2 / Evangelische Heilige

Wie sehen evangelische Christen die Heiligen? Zunächst nötigen sie uns, die Gegenwart nicht zu vernachlässigen. Wenn etwas die sehr unterschiedlichen Heiligen unserer Kirchengeschichte vereint, dann ist es die Tatsache, dass sie auf die Herausforderungen ihrer Zeit reagierten – kompromisslos und mit zum Teil ungewöhnlichen und oft lebensgefährlichen Aktionen.

So fragt Elisabeth nach der Herkunft der Lebensmittel auf ihrem Tisch, ob sie den Armen geraubt und abgepresst wurden oder ehrlich erworben sind. Sie bekämpft großzügig eine Hungersnot in Thüringen, errichtet von ihrem Vermögen ein Spital in Eisenach und später eins in Marburg und pflegt selbst Kranke und Aussätzige. Sie widmet sich den Ungerechtigkeiten ihrer Zeit buchstäblich hautnah.

Ähnlich Dietrich Bonhoeffer. Er unterstützt – theologisch reflektiert – den politischen und militärischen Widerstand im Nazi-Deutschland. Ein christliches Zeugnis, das nur als logische Konsequenz seines Glaubens angesehen werden kann. Auch der Thüringer evangelische Pfarrer

Werner Sylten arbeitet während der Nazizeit für politisch Bedrohte und rassisch Verfolgte in Gotha und Berlin und wird selbst zum Opfer. Bonhoeffer und Sylten lehnen es beide ab, sich selbst ins Ausland zu retten.

Wer sich Heiligen und ihren Taten zuwendet, wird unmittelbar auf die Probleme ihrer Zeit gestoßen. Wer sie sich zum Vorbild nimmt, wird die Probleme der Gegenwart genau ansehen.

3 / Unheilige Heilige

Ich habe mit den Pfarrern Bonhoeffer und Sylten zwei »evangelische« Heilige besonders benannt, um zu unterstreichen: Das Thema der besonderen Heiligen ist uns Evangelischen nicht fremd, auch wenn uns die rechtliche Form der »Heiligsprechung« fern liegt. Dietrich Bonhoeffer ist uns heilig durch seine konsequente Liebe und Leidensbereitschaft bis in den Tod. Dies haben Gemeinden und evangelische Theologen nach 1945 allmählich erkannt und herausgestellt. Nach katholischer Lehre kann nur der Papst Menschen heilig sprechen. Dazu müssen ihm Zeugen in einem Verfahren beweisen, dass jemand herausragend geglaubt und Wunder gewirkt hat.

Über Elisabeth werden schon zu Lebzeiten Wunderdinge berichtet und schon bald nach ihrem Tod wird sie heilig gesprochen. Ihre Gebeine, aber auch Kleider und Gegenstände, die sie berührt haben soll, liegen in prächtigen Schreinen und werden bis heute verehrt – auch wenn über ihre Echtheit spekuliert wird. Die Gläubigen wollen durch die Reliquien der Heiligen nahe kommen – und damit letztlich Gott. Evangelische Christen lehnen diesen Reliquien-

und Heiligenkult ab. Wir verehren weder »heilige« Gegenstände noch rufen wir Menschen im Gebet an. Unser Gebet richtet sich allein an Gott. Allein aus Glauben, so die Reformatoren, kommen wir Gott nahe, ganz direkt, auch ohne Heilige als Fürsprecher. So hält die evangelische Bekenntnisschrift *Confessio Augustana* 1530 in Artikel XXI fest:

> *Vom Heiligendienst wird von den Unseren so gelehrt, dass man der Heiligen gedenken soll, damit wir unseren Glauben stärken, wenn wir sehen, wie ihnen Gnade widerfahren und auch wie ihnen durch den Glauben geholfen worden ist; außerdem soll man sich an ihren guten Werken ein Beispiel nehmen, ein jeder in seinem Beruf.*[1]

Die Reformatoren haben also den ausufernden Heiligenkult negativ betrachtet, aber doch positiv festgehalten: Heilige sind zwar nicht zu verehren und anzurufen, aber sie sollen erinnert werden, als *exempla fidei*, als Vorbild im Glauben. Als Heilige im Besonderen gelten also nach evangelischem Verständnis Christinnen und Christen, die für andere zu einem Vorbild in der Nachfolge Jesu geworden sind und deren Glaubensweg auch für Nachgeborene tröstlich, ermutigend und wegweisend sein kann. Damit ist das Tatzeugnis gemeint, also ein Verhalten, das Gottes Willen entspricht. Diese Menschen sind aber auch zu Boten der gnädigen Zuwendung Gottes geworden, also zu Wortzeugen. Beides verbindet sich zum Heiligsein.

Da die Geschichte der evangelischen Kirchen nicht erst mit der Reformation beginnt, sondern eine bestimmte Fortsetzung der Alten Kirche und der Kirche des Mittelalters ist, gehört zu unserer Tradition neben den altkirchlichen Bekenntnissen auch die dankbare Erinnerung an die

Wort- und Tatzeugen der ersten anderthalb Jahrtausende unserer Kirchengeschichte. Als Heilige im evangelischen Sinn können wir somit Menschen bezeichnen, deren Lebenszeugnis und Glaubenskraft in solcher Weise verbunden war, dass dies zum Gottvertrauen und christlichen Handeln auch an anderem Ort, zu anderer Zeit und unter anderen Umständen ermutigt.

Dabei möchte ich festhalten, dass auch Heilige im besonderen Sinn ihr Leben lang der Gnade Gottes bedürfen. Sie sind keine Tugendhelden, als die sie häufig dargestellt werden. Auch sie sind »Gerechte und Sünder« zugleich. Das biblische Menschenbild ist in dieser Hinsicht sehr realistisch. Menschen, auch Gläubige, sind nicht perfekt. Von niemandem wird erwartet und verlangt, ohne jeden Fehl und Tadel zu leben. Auch die heilige Elisabeth war kein fehlerloser Mensch.

4 / Aktuelle Elisabeth

Nicht nur im Elisabethjahr ist Elisabeth von Thüringen ein wunderbares und in manchem ein wundersames Vorbild im Glauben. Aus ihrem kurzen Leben ist eine Fülle von Taten und Verhaltensweisen überliefert, die nicht nur ihre Zeitgenossen beeindruckt haben, sondern bis heute staunen lassen. Mit einer Radikalität, die befremdlich wirkt, folgte sie dem Beispiel des Franziskus von Assisi und seiner Armenbewegung.

Wir wissen, dass sie sich Aussätzigen in den schmutzigen und stinkenden Gassen Eisenachs zuwandte. Es wird berichtet, sie habe sie umarmt, ihnen die Füße gewaschen, ja sogar ihre Geschwüre geküsst. Der Grund dafür: In ihnen sucht sie die Nähe zu Jesus Christus. Die Legende vom Aussätzigen im Ehebett, der sich plötzlich in die Gestalt des Gekreuzigten verwandelt, führt diese Art der Frömmigkeit eindrücklich vor Augen.

Sie hat hinter den von Not gezeichneten Gesichtern noch andere Gesichtszüge gesucht. In diesen Ebenbildern Gottes wollte sie das Antlitz des Gottessohnes entdecken. Sie sah das Antlitz des Gekreuzigten in ihnen gewissermaßen als das Licht der Welt aufleuchten, das diese Gesichter erleuchtet, sie durchscheinend macht, wie die Kerze ein Transparent.

Doch nicht nur den Einzelnen galt ihre Fürsorge, sondern auch dem ganzen Land, für das sie sich als Regentin verantwortlich fühlte. Im Frühsommer 1226 erlebte Deutschland den Höhepunkt einer Hungersnot. Aufzeichnungen aus Reinhardsbrunn, dem landgräflichen Hauskloster, und andere Quellen beschreiben die trostlose Lage: Harte Winter, heiße Sommer, Dürre und Überschwemmungen. Über Jahre schon fielen die Ernten mehr oder weniger aus. Mehl wurde mit Erde gestreckt, die letzten Tiere verzehrt, selbst Hunde und Katzen. Nur Wohlhabende konnten noch Wucherpreise für Lebensmittel zahlen. In dieser Situation nutzte Elisabeth ihre Schlüsselgewalt und ließ Lebensmittel, Getreide und auch Geld verteilen. Zeitweise soll sie bis zu 900 Menschen verköstigt haben.[2]

Koste es, was es wolle … dieser unbedingte Einsatz für die Elenden macht Elisabeth zu einer »evangelischen Heiligen«. Sie lebt strikt nach dem Evangelium und fühlt sich zu den »Protestanten« ihrer Zeit hingezogen, zu Bettelmönchen wie Franz von Assisi. Wie er und wie Christus selbst geht sie zu den Ärmsten. Und zwar radikal und rücksichtslos – gegen alle Regeln, mitunter gegen andere, auch gegen sich selbst. Dieses Leben ist eine Provokation. Elisabeth ist keine Frau, die sich einfach auf einen Sockel stellen und verehren lässt. Sie hatte ihre Dornen. Radikal, bis weit über die Schmerzgrenze hinaus, hat sie sich alles und anderen viel abverlangt – bis zur Selbstaufgabe.

Manches an dieser frommen, fast fanatischen Fürstin erscheint uns heute fremd und mittelalterlich – besonders ihre strengen Bußübungen und Geißelungen. Doch ihre Frage an uns ist brennend aktuell: Was tut ihr aus Glauben? Was tut ihr heute für die Ärmsten? Wie entdeckt ihr das Antlitz Jesu Christi in ihren Gesichtern? Dies ist die Herausforderung, ein Stachel in Zeiten der »Unterschicht«-Debatten.

5 / Neue alte Armut

Ob »Unterschicht« oder »neue Armut«: Es ist das alte Klagelied, das auch die Bibel kennt, von den Armen, die immer ärmer werden. Von denen am Rande, die immer wieder in den Blick gerückt werden müssen. Alte Menschen, Kranke, Pflegebedürftige, Sterbende, Kinder. Wie wir mit den Schwächsten umgehen – nicht nur als Kostenfaktor im Gesundheitssystem –, daran wird sich zeigen, wie menschlich und wie zukunftsfähig unser Land ist. Darum rücken wir im Elisabethjahr die Menschen am Rande in den Mittelpunkt unseres Nachdenkens.

Denn das Thema »Armut« ist auch in Deutschland nicht erledigt. Das beweisen die soziale Wirklichkeit und die sozialen Studien und Debatten der jüngsten Zeit: Die Denkschrift des Rates der Evangelischen Kirche in

Deutschland (EKD) zur Armut in Deutschland vom Juni 2006, die EKD-Synode im November 2006 in Würzburg zum Thema »Gerechtigkeit erhöht ein Volk …«. Wir stehen in den nächsten Jahren vor der dringenden Aufgabe, die Güter – Arbeit, Bildung, Kultur, Besitz – gerechter zu verteilen.

Es geht aber nicht nur um Verteilungsgerechtigkeit, sondern – so der Titel der EKD-Denkschrift – um »Befähigung zu Eigenverantwortung und Solidarität«. Gebraucht wird nicht nur finanzielle Unterstützung, sondern mehr »Befähigungsgerechtigkeit« und »Beteiligungsgerechtigkeit« für die Benachteiligten. Nur wer fähig ist, in der Gesellschaft mitzuhalten und sich an ihrer Gestaltung zu beteiligen, kann der Armut entkommen. Nicht nur wer ausreichend versorgt ist, sondern eben auch gebildet und ausgebildet, hat eine gute Chance. Die Teilhabe an materiellen und kulturellen Reichtümern muss für alle gewährleistet sein, damit der Teufelskreis von Armut, mangelnder Bildung und Arbeitslosigkeit durchbrochen werden kann.

Was wir heute »Solidarität und Eigenverantwortung« nennen, das war bereits für Elisabeth selbstverständlich. Sie stützt die Benachteiligten, stärkt sie aber auch gleichzeitig, auf eigenen Beinen zu stehen. In der Hungersnot teilt sie nicht nur Brot, sie verteilt mittellosen Taglöhnern und Bauern Handwerkszeug, damit sie wieder pflanzen und arbeiten können. Hilfe zur Selbsthilfe. Ein Schritt auf dem Weg zur Gerechtigkeit – durch Barmherzigkeit.

Elisabeth gründet ihr Verhalten auf die »Werke der Barmherzigkeit« aus der Szene vom Weltgericht im Kapitel 25 des Matthäusevangeliums: Hungrige speisen, Durstige tränken, Fremde aufnehmen, Nackte kleiden, Kranke und Gefangene besuchen – diese Werke fordert Christus von den Seinen. Christenmenschen sollen sich der Elenden erbarmen. So aktuell diese Forderung ist, so unerhört klingt dieses Wort: Barmherzigkeit.

Nomen est Omen. Worte und ihr Gebrauch sind Zeichen der Zeit. Von »unbarmherzigen« Zuständen und Menschen wird derzeit gern gesprochen, kaum von »barmherzigen«. Allenfalls in der Negation scheint das Adjektiv noch vorhanden. Das Substantiv »Barmherzigkeit« wirkt fast vergessen und altertümlich, so wie es einst als Kunstwort das lateinische *misericordia* nachahmte. Der Wortinhalt aber ist und bleibt aktuell: Barmherzigkeit ist der Antrieb und das Verhalten, das Leid anderer Menschen wahrzunehmen und sich ihrer durch solidarische Hilfe anzunehmen.

Doch »Barmherzigkeit« ist mehr als Mit-Gefühl. Das zeigt auch der biblische Befund. Hergeleitet vom griechischen *eleos*, »Mitleid«, wird *eleemosyne* im Neuen Testament mit »Barmherzigkeit« oder wörtlich anklingend mit »Almosen« übersetzt. »Almosen geben« ist inzwischen negativ besetzt, da es nicht nach wirklicher Unterstützung klingt, sondern wohl eher herablassend. Doch die Bibel bewertet das anders: *Eleemosyne* entspricht dem hebräischen Wort *zadak*, also »Gerechtigkeit«.

Das Erbarmen, die Almosen sind demnach ursprünglich nicht herablassend, sondern aufwertend gemeint. Die Zuwendung zu den Armen ist ein Akt der Gerechtigkeit. Wer barmherzig ist, sorgt für den gerechten Ausgleich zwischen Gebenden und Nehmenden. Ulfried Kleinert schreibt dazu in einer Thesenreihe: »Auf Barmherzigkeit folgt Gerechtigkeit. Leidenschaft für den Nächsten will dessen Gleichbe*recht*igung, nicht seine dauerhafte Abhängigkeit. Deshalb wird aus Barmherzigkeit um Gerechtigkeit gekämpft. Gerechtigkeit ist das Ziel der Barmherzigkeit.«

Elisabeth hat das schon als Teenagerin gespürt. Sie fasziniert mich, weil sie ebenso spontan wie überlegt handeln konnte. Weil sie sich einzelner Menschen ganz unten erbarmt hat – ihnen gedient, sie gepflegt und getröstet hat –, und gleichzeitig hat sie von oben, vom Thron aus, vielen Menschen geholfen. Barmherzig hat sie Gerechtigkeit geschaffen. Sie konnte schnelle »Nothilfe« organisieren, langfristig nach »fairem Handel« verlangen, »Hilfe zur Selbsthilfe« geben und dabei sich selbst »sozial engagieren«. Was wir heute in diesen modernen Vokabeln ausdrücken, war für Elisabeth nur eines: Barmherzigkeit. Gerecht handeln im und aus Glauben. Das heilige Handeln nimmt die Probleme der Zeit und die Menschen wahr.

Genau diese Barmherzigkeit ist neu gefragt: Wahrnehmen, was ist. Auch im 21. Jahrhundert stehen wir vor der Aufgabe, in großen, ja globalen Strukturen zu denken, für Gerechtigkeit zu sorgen und den sozialen Ausgleich zu fördern. Das gemeinsame Sozialwort der Katholischen und Evangelischen Kirche hat bereits 1997 diesen Aspekt als »Sozialkultur« bezeichnet – oder schöner als »Kultur des Erbarmens«.

Dies bedeutet, strukturell und strategisch weitreichende Ziele zu verfolgen, in die Weite zu sehen, aber eben auch in die Nähe. Jeder einzelne Christenmensch kann sich erbarmen und engagieren für die Hungrigen, Durstigen, Fremden in nächster Nähe und bei fernen Partnern, die uns naherücken, weil die Entfernungen in dieser Welt abnehmen.

7 / Elisabeth in Tansania

Hier ist Barmherzigkeit gefragt: Männer mit trübblinden Augen. Kinder mit zerschundenen nackten Füßen. Frauen, von Fieberschüben geschüttelt, einige hochschwanger. Jeden Tag warten sie auf Schwester Elisabeth. Manche ihrer Patienten sind fünfzig Kilometer zu Fuß ins Hospital gelaufen. Denn hier gibt es sauberes Wasser, Verbandsmaterial und Medizin. Doch von alledem gibt es nicht genug. Die Menschen sind arm – und krank.

Ähnlich »mittelalterlich« wie bei Elisabeth von Thüringen geht es heute bei Schwester Elisabeth John Laizer in Tansania zu. Das »Hospital«, in dem sie arbeitet, liegt nicht bei der Wartburg, sondern in Orkesumet, einer Kleinstadt im Simanjiro-Bezirk. Es gehört zu unserer Partnerkirche in Tansania, in der Diözese Arusha. So liegt uns dieses Hospital ganz nahe.

Wir werden das Elisabeth-Gedenken verbinden mit einem Elisabeth-Handeln und dort helfen, wo Hilfe dringend notwendig ist. Tansania zählt zu den zehn ärmsten Ländern der Erde. Armut macht krank. Die Gesundheitsprobleme sind groß. Der Mangel an sauberem Trinkwasser führt am häufigsten zu tödlichen Krankheiten. Durchfall und Erblindung sind Folgen der Mangelernährung. Malaria ist eine der häufigsten Todesursachen. Aids grassiert.

Zudem ist Frauen der Zugang zu Bildung und sexueller Aufklärung erschwert. Hilfe und Aufklärung aber tun not, insbesondere für Frauen und ihre Kinder. Die Kindersterblichkeit ist durch die beschriebenen Umstände 20-mal höher als in Deutschland. Jedes sechste Kind erlebt in Tansania seinen fünften Geburtstag nicht.

Ich habe vor zwei Jahren Tansania und dort auch die Gesundheitsstation in Orkesumet besucht. Dort arbeitet seit zwölf Jahren Schwester Elisabeth in der kirchlichen Gesundheitsfürsorge. Sie erzählt: »Ich wurde zu einer Geburt gerufen. Ich sehe sie noch vor mir: Die 19-jährige Sara lag in Wehen. In der Lehmhütte gab es eine Rasierklinge zum Durchtrennen der Nabelschnur, eine Schnur zum Abbinden und abgekochtes Wasser. An Schutzhandschuhe war gar nicht zu denken. Eine Kerosinlampe spendete notdürftig Licht. Ich hatte Angst um das Kind. Und ich hatte Angst, mich mit dem Aids-Virus anzustecken. Glücklicherweise war Sara nicht infiziert. Es grenzt an ein Wunder, dass die Kleine damals gesund zur Welt gekommen ist. Sie heißt Victoria.«

Victoria hatte es trotz der katastrophalen hygienischen Umstände noch vergleichsweise gut. Mehr als die Hälfte aller tansanischen Kinder müssen ohne die Hilfe einer Hebamme oder eines Arztes zur Welt kommen. Entsprechend hoch ist für Frauen und Neugeborene das Risiko.

Darum muss die Hilfe immer wieder bei den Frauen ansetzen. »Bilde eine Frau und du bildest eine ganze Nation«, so ein tansanisches Sprichwort. Kirchliche Gesundheitshelfer beraten darum Frauen auch vor Ort in den Dörfern, informieren über Säuglingspflege, Hygiene und Aids. Frauen- und Mütterberatung ist lebenswichtig, so wichtig wie eine Geburtsstation. Damit das Leben weitergeht.

Um die Frauen, Kinder und Männer besser gesundheitlich zu versorgen, unterstützt die Föderation Evangelischer

Kirchen in Mitteldeutschland den Bau einer Geburtsstation – die einzige im Umkreis von 200 Kilometern. Wir wollen bei den 160 Veranstaltungen, zu denen wir im Elisabethjahr einladen, 40 000 Euro dafür sammeln.

Der Leitspruch der Elisabeth: »Selbst arbeiten, trösten, mit Heiterkeit wirken« zeigt drei Dimensionen, die uns bis heute eine Richtung weisen:

Arbeiten gegen Not, Unfreiheit und Gewalt, die Menschen trösten, die unter Not, Unfreiheit und Gewalt leiden – und dabei heiter bleiben. Diese Heiterkeit aus purem Gottvertrauen können wir auch von dieser Elisabeth lernen. »Ich habe euch immer gesagt, ihr sollt die Menschen froh machen ...« – das ist einer der wenigen überlieferten Sätze aus ihrem Munde.

Die Menschen froh zu machen – uns selbst, die anderen und besonders die, die wenig zu lachen haben, das ist ein schönes Ziel, nicht nur im Elisabethjahr.

1 Augsburgisches Bekenntnis XXI. Die lateinische Fassung spielt sogar noch deutlicher auf eine feierliche liturgische Erwähnung der Heiligen an als der deutsche Text. Vgl. dazu Wolf-Dieter Hauschild, Märtyrer und Märtyrerinnen nach evangelischem Verständnis; in: »Ihr Ende schaut an ...«. Evangelische Märtyrer des 20. Jahrhunderts. Herausgegeben von Harald Schultze und Andreas Kurschat im Auftrag der EKD, Leipzig 2006, S. 49–69.

2 Elisabeth. Rose mit Dornen. Fakten, Fragen, Brennpunkte. Elisabeth-Mappe. Herausgegeben vom Kirchenamt der Föderation Evangelischer Kirchen in Mitteldeutschland, Eisenach 2006.

»Wie kann ich eine goldene Krone tragen, wenn der Herr eine Dornenkrone trägt?«

Elisabeth von Thüringen: Eine Fürstin teilt das Leben der Armen

CHRISTIAN FELDMANN

So viel Kopfschütteln und hochnäsige Entrüstung hat selten eine Fürstenhochzeit ausgelöst. »Was der junge Landgraf nur an dieser ungebärdigen Ausländerin findet?!« rätseln die thüringischen Hofdamen auf der Wartburg und werfen giftige Blicke auf die Ungarin, die da schon wieder laut lachend durch die hohen Säle läuft, statt – wie es die höfische Etikette vorschreibt – in gemessenen, kleinen Schritten zu trippeln.

So steif und langweilig und durchgeistigt wie auf den alten Gemälden und Skulpturen hat diese Elisabeth ganz bestimmt nicht ausgesehen. Sie muss charmant und ein wenig frech zugleich gewesen sein, sprühend vor Leben, temperamentvoll und gefühlsbetont, spontan, fröhlich, ungekünstelt fromm. Wenn die alten Quellen nicht trügen, dann lacht sie gern und laut, stundenlange Ausritte durch Sturm und Regen mag sie viel lieber als die eintönigen Reigentänze auf der Burg. Sie wirkt eigenwillig, selbstbewusst, kritisch, zeigt Intelligenz und Tiefgang. Das Zeug zur listenreichen Intrigantin hat sie ebenso wenig wie zur unterwürfigen Schmeichelkatze, immer angepasst und vorzeigbar.

Ja, damals vor einem Jahrzehnt, als man die kleine Ungarin an den Thüringer Hof holte und ein riesiger Tross mit Ausstattungsgegenständen und Geschenken von verschwenderischer Pracht auf den uralten Handelsstraßen nach Deutschland rollte, da war man noch begeistert gewesen von so viel exotischer Herrlichkeit: »Unzählige goldene und silberne Trinkgefäße« verzeichnet die *Vita Ludovici* unter Elisabeths Aussteuer, einen »Badekübel aus Silber, darin das Mägdlein baden sollte«, einen Schatz, wie er »im Thüringer Land nie wieder gesehen ward«.

Doch nun zeigt sich, dass man mit der Brautwerbung in Ungarn wohl doch keinen so guten Griff getan hat. Die vornehmen Fräulein auf der Wartburg verübeln dem quecksilbrigen Mädchen nicht nur sein Temperament und seinen leichten Akzent. Mit ihren hartnäckigen Versuchen, als Angehörige der Oberschicht ein alternatives Leben zu führen, benimmt sich Elisabeth einfach unmöglich.

Die junge Fürstin zeigt deutlich ihre Abneigung gegenüber Repräsentationspflichten, trägt mit Vorliebe schlichte Wollkleider, legt in der Kirche ihren Schmuck ab, wirft mit großzügigen Almosen um sich und lockt auf diese Weise ständig wachsende Scharen von Bettlern und Elendsgestalten in den Schlosshof. Statt als Landesherrin den Glanz der Krone zu verkörpern und auf hoheitsvolle Distanz zu achten, scherzt sie mit ihren Mägden, redet sie als ihre »Freundinnen« an und verlangt ernsthaft von ihnen, die Fürstin zu duzen!

Ein früher Chronist, wen wundert's, notiert »bittere Schmähworte«, »unverschämte Beleidigungen«, ja sogar »offene Verfolgungen« von Seiten missgünstiger Hofleute und Verwandter. »Mitten unter ihnen allen aber blühte Elisabeth auf wie eine Lilie unter Dornen.«

1 / Karneval und Kathedralen

Eine *Erzsébet* (Elisabeth) gibt es noch heute in vielen ungarischen Familien. In seiner hebräischen Urform bedeutet der Name so viel wie »Gott schwur« oder auch »voll von Gott«. Ein Name wie eine Chiffre für jenes Zeitalter der aufstrebenden Gotik, das man sich gern als perfekten Gottesstaat, als christliches Universum vorstellt. Die Wirklichkeit sah anders aus. Im Schatten der himmelstürmenden Kathedralen und hinter der allgegenwärtigen christlichen Fassade blühte kaum mehr echter Glaube als heute – mit dem Unterschied, dass die Fassade zu jener Zeit prächtig herausgeputzt war, während sie heute bröckelt. Nichts beweist die Brüchigkeit dieser Fassade besser als der Hass und Hohn, mit dem eine erklärt christliche Umwelt auf die herausfordernde, kompromisslose Religiosität der Landgräfin Elisabeth reagierte.

Während die kleine Erzsébet auf der Burg Sárospatak nahe der ungarisch-slowakischen Grenze oder vielleicht auch auf Pozsony (Preßburg) aufwuchs – die Historiker sind sich da nicht ganz sicher –, baute man an den Kathedralen von Rouen und Lincoln, rief Papst Innozenz III. zum Kreuzzug gegen die südfranzösischen Ketzer auf, zog Franziskus mit seinen armen Gefährten durch Umbrien, verbreitete Dschingis-Khan in Asien Furcht und Schrecken, dichtete Walther von der Vogelweide seine Minnelieder und stellte Gottfried von Straßburg in seinem Epos *Tristan und Isolde* zum ersten Mal die rein irdische Erfüllung der Liebe dar: Erlösung durch den Geliebten, nicht durch Gott.

Klagende Bußprozessionen und ausgelassenes, obszönes Karnevalstreiben, ekstatische Begeisterung für den Himmel und grausame Freude an Hinrichtungen und Quälereien bestimmen diese Zeit der extremen Menschen, die in sich oft die abenteuerlichsten Gegensätze vereinigten – wie das traditionsreiche Haus der ungarischen Árpáden und das bayerische Grafengeschlecht von Andechs-Meran, denen Elisabeths Eltern entstammten. Regenten, Rebellen, Kriegsherren, Bischöfe, Mörder. Die heilige Herzogin Hedwig gehört zu dieser Familie, aber auch die betörend schöne Agnes, die Frankreichs Königin vom Thron verdrängte, und Elisabeths machtbesessene Mutter Gertrud – von ungarischen Adeligen erschlagen, als Elisabeth sechs Jahre alt war.

Doch zum Zeitpunkt der Bluttat befand sich die Königstochter schon nicht mehr in Ungarn. Bereits als Vierjährige hatte man sie mit dem ältesten Sohn des Landgrafen Hermann von Thüringen verlobt – Vorstufe zu einer »politischen Heirat«, die damals durchaus der Norm entsprach und das Bündnis zwischen Thüringen, Ungarn und Böhmen (auf Seiten der staufischen Partei) gegen Kaiser Otto IV. (der zur Welfenpartei gehörte) stärken sollte. Als der vorgesehene Bräutigam wenige Jahre später überraschend starb, blieb die kleine Ungarin in Thüringen, bei Ludwig, dem jüngeren Bruder des Toten, dem sie längst wie eine Schwester ans Herz gewachsen war.

Die beiden wuchsen auf der sagenumwobenen Wartburg auf, wo heitere Poesie und kultivierte Lebensart zu Hause waren. Dieser Herrensitz, dessen Palas eine für den mittelalterlichen Burgenbau ungewöhnliche Pracht entfaltete, zog die höfischen Sänger mit ihren Ritterepen und zarten Liebesliedern magisch an. In Elisabeths Geburtsjahr hatte hier der berühmte »Sängerkrieg« stattgefunden, und Wolfram von Eschenbach soll auf der Wartburg einen Teil seines *Parzival* geschrieben haben. Landgraf Hermann liebte die Macht und die Sänger als seine Propagandisten. »Selbst wenn ein Fass guten Weins tausend Pfund kosten würde«, amüsierte sich Walther von der Vogelweide, »hätte keiner von Hermanns Gästen ein leeres Fass vor sich.« Empfindliche Ohren sollten den Trubel auf der Wartburg aber lieber meiden: »Eine Schar fährt aus, die andere ein, Nacht und Tag. Ein großes Wunder ist's, dass da noch einer zuhört.«

Das quicklebendige Kind aus dem Land der Magyaren muss sich in diesem ständigen Gewühl zunächst recht wohl gefühlt haben. Die spärliche Überlieferung zeichnet ein ganz normales Mädchen, übermütig und ein wenig eitel. Sie betete darum, beim Spiel zu gewinnen, und freute sich unbändig über die Geschenke, die ihr Ludwig mitzubringen pflegte: Spiegelchen, Zierbänder und Korallenketten.

Aber schon beim Kind brach mittendrin die nachdenkliche, nach innen gewandte Wesensseite durch. Dann brach Elisabeth plötzlich ihr Spiel ab und sauste wie ein Wirbelwind über den Burghof zur Kapelle. Sie tanzte gern, lehnte aber die Aufforderung zu einer zweiten Runde häufig mit der Begründung ab: »Einmal soll mir genügen; wenn es am schönsten ist, will ich um Gottes willen verzichten.« Mit ihren Freundinnen spielte sie gern »arm« – das finden Kinder reicher Eltern meist recht romantisch –, und schon in sehr frühen Jahren provozierte sie erbitterte Auseinandersetzungen mit der Mutter des jungen Grafen, weil sie in der Kirche partout ihr Krönchen nicht aufbehalten wollte.

»Was da für eine Herrlichkeit war mit Stechen [Turnieren] und Tanzen und Hofieren von Herren und Frauen in der Stadt und Vorstadt bis an den Hain, drei Tage, das lässt sich in kurzen Worten gar nicht beschreiben.« So schildern die alten Chroniken von 1221 die prunkvolle Hochzeit des mittlerweile einundzwanzigjährigen, zum Regenten avancierten Landgrafen Ludwig mit der knapp vierzehnjährigen Elisabeth. Ein Jahr darauf wurde der erste Sohn geboren.

Was die historischen Quellen über diese junge Ehe sagen, erinnert viel eher an die Geschichte von Romeo und Julia als an die nüchternen Zweckbündnisse zwischen Fürstenkindern, wie sie im 13. Jahrhundert gang und gäbe waren. »Lieber Bruder« und »liebe Schwester« reden sie sich an; bei Tisch sitzt sie – entgegen höfischer Sitte – an seiner Seite; wenn er für längere Zeit wegreitet, legt sie Trauerkleider an, die sie bei seiner Rückkehr mit einem Festgewand vertauscht; und wenn er nach solchen Wochen der Trennung zurückkommt, läuft sie ihm entgegen und küsst ihn »mehr als tausendmal herzlich auf den Mund«, ohne sich um die pikierten Zuschauer zu scheren.

Die »große Liebe« scheint es zwischen diesen beiden temperamentvollen, aber auch sehr sensiblen jungen Menschen wirklich gegeben zu haben, und sie war kein Strohfeuer. Seine Elisabeth würde er einem Berg von Gold vorziehen, sagt Ludwig, und es gebe auf dieser Erde nichts Lieberes für ihn. Eine für damalige Verhältnisse höchst ungewöhnliche Einstellung; die edlen Ritter pflegten sich auf ihren Reisen mit Mägden und Bauerntöchtern zu vergnügen und im Übrigen genau zwischen der uninteressanten Hausherrin daheim (die in Wirklichkeit nicht selten wie eine Dienstmagd behandelt wurde) und dem Objekt ihres »Minnedienstes« zu unterscheiden. Man wählte sich eine begehrenswerte, meist ebenfalls verheiratete, aber keineswegs immer unerreichbare Dame aus, besang ihre Schönheit und vollbrachte Heldentaten zu ihrem Ruhm. Der schon zitierte Gottfried von Straßburg hat in seinem *Tristan* diese Entwertung der Ehe und das Ausweichen auf schuldbeladene außereheliche Liebesbeziehungen kritisiert.

Landgraf Ludwig jedenfalls schickte die junge Gespielin, die ihm ein befreundeter Fürst nach dem Festmahl diskret auf das Zimmer bringen ließ, mit einem Silbertaler wieder weg – er wolle seine Elisabeth »nicht betrüben«. Und seine Frau musste sich von einer verständnislosen Adeligen den Spott anhören: »Sie liebt ihren eigenen Hauswirt!« Diese Beziehung voller Leidenschaft und Zärtlichkeit verblasst keineswegs im Lauf der Jahre, und Elisabeth ist nicht die von blutarmen Legendenschreibern erfundene verhinderte Klosterfrau, die bloß das Pech hatte, sich zu früh an einen Mann gebunden zu haben.

Zum Geheimnis dieser Partnerschaft gehört freilich auch, dass jeder den anderen ihn selbst sein lässt. Elisabeth quält ihn nicht tagtäglich, doch zu leben wie sie. Und er besitzt Selbstbewusstsein und Respekt genug, um ihre ungemein intensive Beziehung zu Gott zu akzeptieren (auch wenn sie sich manchmal störend auf das Eheleben auswirkt, wenn Elisabeth etwa nachts aus dem Ehebett huscht, um zu beten). Auf Gott ist er nicht eifersüchtig, weil er weiß, dass sich diese Liebe in einer anderen Dimension vollzieht und dass Elisabeths Liebe zu Gott ihre Liebe zum Gatten trägt und belebt und schön macht. Gott ist keine Konkurrenz. Gott macht den Menschen nie ärmer, sondern reich. Elisabeth: »Ich schließe Ludwig in meine Liebe zu Gott ein, und ich hoffe, dass Gott, der die Ehe geheiligt hat, uns ein ewiges Leben gewähren wird.«

Dass sie sich einmal gewünscht haben soll, als Jungfrau und unverheiratet zu sterben, widerspricht diesem Befund nicht. Spannungen und innere Konflikte können ein Menschenleben tiefer und reicher machen, wenn sie ehrlich ausgetragen werden.

Die Landgräfin hat die tolerante, warmherzige Unterstützung ihres Gatten auch dringend nötig, schafft ihr der alternative Lebensstil mitten unter Edelleuten und Geldprotzen doch zunehmend Feinde. Je herber sie der eigene Kummer quält – die Mutter ist ermordet worden, ihr zukünftiger Bräutigam ist gestorben, fast noch ein Kind, auch der alte Landgraf ist tot –, desto sensibler wird sie für die Not der Bauern und Tagelöhner.

Zunächst ist sie noch aus einem schlechten Gewissen heraus mildtätig, handelt sie aus spontanem Mitleid, ohne viel darüber nachzudenken. Sie wirft ihre Almosen unter das Volk als sich huldvoll herabneigende Fürstin, wie eine Dame eben, die es gerade schick findet, wohltätig zu sein. Aber dann beginnt sie, aus der ständigen Konfrontation mit Hunger und Elend auf den Straßen ganz persönliche Konsequenzen zu ziehen. Sie vertauscht ihre kostbaren Roben mit einer schlichten Tracht, legt Ringe und Halsbänder ab, wenn sie zum Gottesdienst geht, isst öfters mit ihren Mägden aus einer Schüssel, verbietet ihnen, sie »Herrin« zu nennen, lässt sich stattdessen »Elisabeth« anreden. Lauter kleine, in sich nicht sehr bedeutsame Gesten, die aber ungeheuer viel aussagen, bewusstseinsverändernd wirken können und in ihrer Umgebung auch entsprechend Anstoß erregen.

Manchmal träumt sie ganz naiv vom »Armsein« – wie heute die Tochter aus gut betuchtem Haus vom Schafezüchten auf Sardinien. Ludwig amüsiert sich über ihren Wunsch, »dass wir nur so viel Land hätten, wie wir mit einem einzigen Pflug bearbeiten können, und zweihundert Schafe, so dass Ihr dieses Land mit eigenen Händen bear-

beiten könntet und ich die Schafe melke«. Darauf soll sie Ludwig lächelnd korrigiert haben: »Ei, Schwester, wenn wir so viel Land hätten und zweihundert Schafe, dann wären wir nicht arm, sondern reich.«

Aber Elisabeth träumt nicht bloß. Sie erkennt allmählich, wo das Geld herkommt, das die feudale Hofhaltung auf der Wartburg ermöglicht. Die Thüringer Landgrafen haben nie lange gefackelt, wenn es darum ging, das eigene Territorium zu vergrößern. Kriege und Feste werden durch die Ausplünderung der Unterworfenen und durch immer höhere Steuern finanziert. Oben auf der Burg gibt man die Taler mit vollen Händen aus und fragt nicht nach den geschundenen Bauern und Tagelöhnern, die unten in den armseligen Dörfern dafür schuften müssen.

Thüringen mit seinem ganz aus Wald bestehenden Hinterland galt noch im 19. Jahrhundert als Deutschlands »Hungerecke«. Die überall in Deutschland auftretenden Missernten der Jahre 1224 bis 1226, verbunden mit einer grassierenden Tierpest, mussten hier verheerende Wirkungen entfalten. Außerdem litt ganz Europa an den Folgen einer mächtigen Bevölkerungsexplosion (man schätzt, dass sich die Einwohnerzahl Deutschlands zwischen dem 11. und 14. Jahrhundert verdoppelt hat). Massenweise strömten die Menschen in die Rodungsgebiete und in die sich rapide vergrößernden Städte, aber die Arbeitsplätze waren auch dort nicht beliebig vermehrbar. Ein Lumpenproletariat machte sich breit.

Und dann: Krankenkassen und Versicherungen kannte das Mittelalter nicht, jeder Schicksalsschlag konnte in aussichtsloses Elend stürzen, das dürftige »soziale Netz« bestand aus Almosenfrömmigkeit und ein paar Spitälern oder Leprosenhäusern. Die meisten Angehörigen dieser ständig anwachsenden, vielfältig geschichteten Armenklasse lungerten auf den Plätzen und Kirchentreppen herum, bevölkerten in Scharen die Landstraßen: entlassene Tagelöhner, verstoßene Kleriker, heruntergekommene Pilger, Kriegsinvaliden, Krüppel, Behinderte, verlassene Waisen, Mädchen ohne Mitgift, Dirnen, Ritter, die ihren Besitz hatten verpfänden müssen, Bauern, denen der Hof abgebrannt war, Ausgeraubte, Verzweifelte ohne jede Hoffnung und Chance.

Kein Mensch kam damals auf die Idee, diese mörderische Zweiteilung der Gesellschaft in Besitzende und Habenichtse in Frage zu stellen. Die eherne Pyramide der mittelalterlichen Ständegesellschaft – ganz oben die Kronvasallen und ihre Dienstmannen und der höhere Klerus, ganz unten die hörigen Bauern – galt als ebenso gottgewollt wie die Massenarmut. »Du möchtest vielleicht ein Ritter oder ein Herr sein«, predigte der berühmte Franziskaner Berthold von Regensburg, »musst aber ein Weber, ein Schuhmacher oder ein Bauer sein, wie dich Gott gerade geschaffen hat ... Er hat einem Jeden sein Amt gegeben, wie er will, nicht wie du willst!«

Kein Mensch, wie gesagt, kam auf die Idee, diese Verhältnisse könnten veränderbar sein. Es gab allenfalls den Appell, sich selbst oder den eigenen Stand moralisch zu bessern – aber keinen Gedanken an ökonomische Umschichtungen oder strukturelle Reformen. Die Almosen hatten nicht den Zweck, eine ungerechte Güterverteilung auszugleichen, sondern dem Mildtätigen selbst den Weg zum Himmel zu bahnen. Die Almosentasche gehörte bei den Damen der Gesellschaft zu den unverzichtbaren Accessoires, und ihre Gaben beschämten und erniedrigten die Elenden mehr, als dass sie wirklich halfen. Die feine Gesellschaft ergötzte sich an den Leiden der Krüppel und Halbverhungerten; der *Liber vagatorum*, eine weitverbreitete »Bettlerkunde«, warnte vor falschem Mitleid – hätten doch viele der Arm- und Beinamputierten ihre Gliedmaßen verloren »um böser Sachen willen«, und seien doch zahllose Blinde geblendet worden »ihrer Missetat wegen«.

Elisabeth fällt hier völlig aus dem Rahmen. Sie beginnt die Not der Armen als beschämendes Gericht über den eigenen luxuriösen Lebensstil zu empfinden. Sie erkennt bestürzt, dass sie von dem lebt, was anderen weggenommen wurde. Sie bäumt sich dagegen auf, dass es Privilegierte und Menschen minderen Werts geben soll. Immer drängender empfindet sie die Notwendigkeit, diese Klassengesellschaft, die der gute Gott nicht gewollt haben kann, umzustürzen – und weil sie nicht weiß, wie das gehen soll, versucht sie zumindest ihren persönlichen Lebensbereich zu verändern.

Und zwar radikal. Da sind nicht nur jene schönen Geschichten von der Landgräfin, die in einfachen Wollkleidern und barfuß mit den ärmsten Frauen in der Prozession mitgeht und im selben Aufzug, ohne Reitereskorte und Gefolge, ihre Kinder nach der Geburt zur Aussegnung bringt. Da ist nicht nur ihr anstößiges Verhalten gegenüber den Mägden, denen sie beim Spinnen Gefolgschaft leistet und respektvolle Anreden verbietet. Am erschütterndsten erscheint vielleicht das »Speisegebot«, dem sie sich auf den Rat ihres Beichtvaters an der fürstlichen Tafel unterwirft.

Ihre treuen Dienerinnen gaben vier Jahre nach ihrem Tod zu Protokoll, »dass sie bei Tisch an der Seite ihres Gemahls alles verschmähte, was von den Ämtern und Eintreibungen der Beamten stammte. Sie griff nur zu, wenn sie wusste, dass die Speisen von den rechtmäßigen Gütern ihres Gemahls kamen. Wurden aber Gerichte aus erpressten Abgaben aufgetragen, dann brach sie vor den Rittern und Herren oft nur das Brot, zerteilte die Speisen und reichte sie hin und her, um so den Anschein zu erwecken, als esse sie.«

Kein Wunder, dass sie oft hungrig von einem solchen Gelage aufsteht. Sie beschränkt sich eisern auf Lebensmittel, die von den eigenen Gütern des Grafenhauses kommen. Übrigens hat sie – nach der Aussage ihrer Dienerinnen – auch nach Kräften dafür gesorgt, dass die von skrupellosen Steuereinnehmern und Vögten Ausgeraubten entschädigt wurden. Marotten einer überspannten Aristokratin, die das Burgleben mit seinem steifen Zeremoniell langweilig findet? Arroganz einer Geltungsbedürftigen, die um jeden Preis auffallen will?

Elisabeths Motivation ist viel stärker: Sie ist dem armen, gekreuzigten Christus begegnet – wie viele andere. Und sie scheut nicht davor zurück, daraus die unbequemen Folgerungen zu ziehen – wie wenige andere. Auf dem Weg nach Eisenach, mitten in einem fürchterlichen Unwetter, soll sie auf einem Holzstoß ein in Lumpen gehülltes Kind sitzen gesehen haben, das sie aus großen, enttäuschten Greisenaugen anblickte. »Wo ist denn deine Mutter, Kind?«, fragte Elisabeth. Darauf, so berichtet die Legende weiter, wuchs anstelle des Holzstoßes ein Kreuz empor, an dem der sterbende Christus hing und sie ansah, und seine Augen waren die des Kindes.

Der Erfurter Dominikaner Dietrich von Apolda, der in seinem *Leben Elisabeths* (1297) die ältesten Quellen verwertet hat, erzählt eine ähnliche Geschichte: Elisabeth mit großem Gefolge in der Kirche. Plötzlich fällt ihr Blick auf das Kruzifix mit dem lebensgroßen, zerschundenen Gekreuzigten. Da »begann sie nachzudenken« und kam zu dem Schluss: »Sieh, da hängt dein Gott nackt, und du, ein unnützer Mensch, gehst in kostbaren Kleidern einher. Sein Haupt wird von Dornen verwundet, und deines ist mit Gold geschmückt. – So von innigem Mitleid ergriffen, fiel sie wie tot zu Boden.« Die Wahrheit solcher Geschichten liegt nicht in ihrer protokollarischen Genauigkeit, sondern in der hintergründigen Aussage. Elisabeth hat im Schmerzensmann am Kreuz das Elend der Armutskaste ihres Volkes und in den thüringischen Krüppeln und Bettlern den verstoßenen Christus wiedererkannt. Besser kann man das Evangelium gar nicht verstehen.

Müßig, eine mögliche Abhängigkeit Elisabeths von den damals in Deutschland auftauchenden Franziskanern zu diskutieren (1224 gab es bereits Minderbrüder in Eisenach, ein Laienbruder namens Rodeger erzählte der Fürstin auf der Wartburg von der sanften Revolte, die Francesco in Umbrien angezettelt hatte). Überflüssig, Parallelen zur Beginenbewegung zu ziehen, zu diesen Frauen aus allen Schichten, hauptsächlich aus Adel und Bürgertum, die (seit 1216 mit offizieller Billigung der Kirche) Wohngemeinschaften gründeten und von ihrer Hände Arbeit lebten.

So klar, so extrem wie Elisabeth hat niemand die evangelische Armut gelebt, und vor allem, niemand hat die private Bedürfnislosigkeit so sehr mit einer wirkungsvollen gesellschaftlichen Praxis verbunden wie sie.

3 / »Ihre Verwandten hielten sie für verrückt«

Deshalb wurde die vermeintliche Schrulle einer absonderlichen Gräfin sehr schnell zu einem Angriff auf die bisher geltenden Selbstverständlichkeiten der sozialen Ordnung, und die Mitwelt spürte diese Gefahr genau – zumal Elisabeth mit ihrer Meinung nicht hinter dem Berg zu halten pflegte. Arme Ordensfrauen wollten ihr einmal eine Freude machen und zeigten ihr stolz die reich vergoldeten Heiligenfiguren in ihrer kleinen Kapelle. Elisabeth war davon wider Erwarten gar nicht begeistert und meinte: »Ihr hättet das Geld besser für eure Kleidung und Nahrung ausgeben sollen als für die Wände. Denn das Bild Gottes, das diese Figuren darstellen, solltet ihr im Herzen tragen!«

Der Thüringer Hof reagierte auf diesen mal stummen, mal lauten Protest mit Anfeindungen, Intrigen und offenem Hohn: Unmöglich, diese Erzsébet! Wie konnte man nur so geschmacklos sein, alle höfische Contenance zu vergessen und derart weit unter das Niveau einer Fürstin herunterzusteigen! Ein Unterschied musste schließlich noch sein zwischen den von Gott zur Führung berufenen Geschlechtern und dem primitiven Pöbel. Nein, das konnte man sich nicht bieten lassen, da musste der Herr des Hauses doch endlich einschreiten!

»Von den Mächtigen des Landes«, um noch einmal die Aussagen ihrer Dienerinnen Guda, Isentrud, Elisabeth und Irmingard im Heiligsprechungsprozess zu zitieren, »hatte sie Spott, Lästerung und große Verachtung zu ertragen; ihre Verwandten hielten sie für töricht und verrückt, weil sie die Reichtümer der Welt zurückwies; sie kränkten und verleumdeten sie vielfach und mochten sie weder sehen noch sprechen«.

»Elisabeth, du benimmst dich nicht wie eine herrschende Fürstin, sondern wie eine dienende Magd!«, entrüstete sich ihre Schwiegermutter Sophie (übrigens eine sehr fromme Frau und genauso wenig ein missgünstiger Drachen, wie ihr kriegerischen Händeln nicht abgeneigter Sohn Ludwig ein vollkommener Heiliger gewesen ist – die Schwarzweißmalerei alteingewurzelter Legenden ist nicht immer ganz ehrlich). Jedenfalls hatte Elisabeth, obwohl die Ranghöchste, keinen leichten Stand auf der Wartburg. Vor allem Ludwigs Schwester Agnes stichelte und hetzte gegen die vermeintlich bigotte Schwägerin, wo sie nur konnte.

Lediglich Ludwig stand unbeirrt auf ihrer Seite. »Der heilige Engel war oft Bote zwischen ihnen«, schreibt der poetisch begabte Hofkaplan Berthold über diese zarte Beziehung, und wir wissen, dass viele von Elisabeths Hilfsmaßnahmen mit ihrem Mann abgesprochen waren. An Ludwig scheiterten alle Intrigen, solange er lebte. Nirgendwo strahlt seine Haltung Elisabeth gegenüber klarer auf als in jener Legende von dem Leprösen, den die Landgräfin in das Ehebett gelegt hatte, um ihn dort besser pflegen zu können (tatsächlich war sie imstande, die elendsten Geschöpfe aus den Spitälern mit auf die Wartburg zu nehmen): Ludwig, dem man von dieser neuesten Eskapade seiner närrischen

Gattin berichtete, stürzte entsetzt in das Schlafzimmer, lüftete die Decke – und sah dort, weil Gott ihm die »inneren Augen« geöffnet hatte (Dietrich von Apolda), den Gekreuzigten liegen. »Meine liebe Schwester«, murmelte er beschämt, »solche Gäste sollst du mir oft in mein Bett legen …«

Elisabeths Frömmigkeit, im Umgang mit den Armen verwirklicht, war ebenso radikal wie praktisch. Sie begegnete Christus nicht nur in einigen reservierten Stunden bei Gottesdienst und Gebet, sie lebte in seiner ständigen Gegenwart. Lieblose, unbedachte Worte wies sie mit dem Hinweis zurück: »Der Herr ist da! Betrübt ihn nicht.«

Dieses Bewusstsein der Nähe Gottes schien sie gegen den Gestank des Elends immun zu machen, mit dem sie sich – im Unterschied zu den mildtätigen Damen ihrer Umgebung – hautnah befasste. Sie pflegte ihre aussätzigen Freunde selbst, wusch eiternde Wunden, legte Verbände an. Aus dem Bericht ihrer Dienerinnen: »Obwohl ihr sonst verdorbene Luft überall zuwider war, ertrug sie, selbst im Sommer, ohne jeden Ekel die schlimmste Krankenluft, die ihre Mägde nur schwer und mit Murren aushielten. Sie bediente die Kranken eigenhändig und frohen Herzens. Mit ihrem Kopftuch wischte sie Speichel und Auswurf aus den Gesichtern sowie Schmutz aus Mund und Nase.«

Wie kann ich eine goldene Krone tragen, wenn der Herr eine Dornenkrone trägt? Und er trägt sie für mich.
Seht, ich habe es immer gesagt, man muss die Menschen froh machen!
Wir müssen das, was wir haben, froh und gerne geben.
Ich bin nicht zornig auf jene, die mich verleugnen und verachten, denn Gott ist meine ganze Liebe.
Der Herr ist da! Betrübt ihn nicht.

Besonders liebevoll wandte sie sich den schwächlichen, behinderten und unheilbar kranken Kindern zu. Ihnen kaufte sie Glasringe und Spielsachen. »Man muss die Menschen froh machen!«, war ihre stehende Redewendung.

Die Landgräfin kümmerte sich um Waisenkinder, spann mit ihren Mägden zusammen Wolle, aus denen Kleider für Franziskanermönche und Bedürftige gewebt wurden, nähte eigenhändig Taufkleider für die Neugeborenen aus armen Familien und bot sich als Taufpatin an, weil sich die Mittellosen sonst nicht einmal die Aussegnung leisten konnten. »Sie machte mit eigener Hand Totenhemden für die Bestattung der Armen«, fügt wieder der Bericht ihrer Dienerinnen hinzu, »sie wusch und bekleidete sie selbst und nahm an ihrer Beerdigung teil ... Auch duldete sie nicht, dass die Leichen reicher Verstorbener in neue Leintücher oder neue Hemden gehüllt würden; sie sollten vielmehr in alten bestattet und die guten den Armen gegeben werden.« Mildtätige Fürsorge, man sieht es, kann den gesellschaftlichen Normen gefährlich an den Nerv gehen.

Täglich versammelten sich abgerissene Bettler, missgestaltete Kreaturen und das Gesindel von der Landstraße im Burghof, um von der Gräfin und ihren Mägden ein warmes Essen zu bekommen. Aber weil viele Alte und Entkräftete den beschwerlichen Aufstieg zur Burg nicht schafften, richtete ihnen Elisabeth unten am Fuß des Berges ein Haus ein und besuchte sie zweimal täglich (während es damals zu den Gepflogenheiten vornehmer Damen gehörte, nur selten auszureiten). Ein weiteres Hospital gründete sie in Gotha.

Immer dieser auffallende Drang, selbst zuzupacken, Caritas nicht an irgendeine Organisation zu delegieren, sondern mit eigenen Händen zu helfen! Sogar eine Kuh wollte sie einmal melken, erzählen ihre Mägde, um den

Wunsch eines Kranken nach frischer Milch zu erfüllen. Die Gräfin muss sich freilich denkbar ungeschickt angestellt haben, denn der Bericht vermerkt trocken: »Aber die Kuh schlug aus und ließ es nicht zu.«

Der ausgesprochen praktische Zug dieser »Armenpflege« wurde 1224 deutlich, als Thüringen unter einem sehr heißen und trockenen Sommer zu leiden hatte und ein starker Wind über mehrere Tage hinweg das Korn so völlig zerschlug, »dass zwei Jahre lang teure Zeit war«.

Da beschränkte sich die knapp siebzehnjährige Landgräfin keineswegs auf das Almosenverteilen, sondern erfand höchst produktive Arbeitsbeschaffungsmaßnahmen. Sie setzte die Notleidenden beim Brückenbau und bei der Ausbesserung von Straßen ein. Früher, als die Ernten noch leidlich gut gewesen waren, hatte sie den Arbeitsfähigen (nach dem Bericht der vier Dienerinnen) Hemden und Schuhe gegeben, »damit sie ihre Füße nicht an den Stoppeln verletzten, und Sicheln, damit sie mähen und sich durch eigene Arbeit ernähren konnten«.

Auch hier zeigt sich, dass die blutjunge »Mutter der Armen« die Elenden nicht als Mittel zum Zweck der eigenen Vervollkommnung benutzte. Elisabeth wollte sich nicht kühl rechnend den Himmel mit ihren Almosen verdienen, sondern menschlich an den Ausgestoßenen handeln. Im Krüppel, in der verwahrlosten, alt gewordenen Dirne, in den »Unpersonen«, die da massenhaft vor Kirchen und Burgen herumlungerten, entdeckte sie den Menschen. »Sie gibt nicht nur Geld«, stellt ein ungarischer Biograf fest, »sondern Werkzeuge und Arbeit. Sie gibt nicht Almosen, keine erniedrigende Spende, sondern auch Selbstbewusstsein schaffende Arbeit und den daraus fließenden berechtigten Lohn.«

Zwei Jahre später, 1226, brach die befürchtete Hungerkatastrophe über das Land herein. Ludwig weilte im Ausland, in der Lombardei beim Kaiser, und die neunzehnjährige Burgherrin hatte die Verantwortung für seine Besitztümer. So schlimm hatte der Hunger noch nie in Thüringen gewütet. Zum Skelett abgemagerte Menschen nährten sich von Wurzeln, Hagebutten, Holzäpfeln und Kräutern, stürzten sich auf das Fleisch verendeter Tiere. Zusätzlich zum Nahrungsmangel plagten Überschwemmungen, Seuchen und ein verheerendes Viehsterben die vor Not halb wahnsinnigen Menschen, die in ihrer Agrarwirtschaft völlig vom Getreide abhängig gewesen waren.

Elisabeth verzichtete auf lange Beratungen mit den fürstlichen Finanzräten. Sie sperrte ihre private Kornkammer und alle Speicher des Grafenhauses im ganzen Land auf; neunhundert Arme sollen jeden Tag auf der Wartburg gespeist worden sein. Ludwigs Schatzkammer, die exakt 64 000 Goldstücke enthielt, plünderte sie bis auf den letzten Heller. Und natürlich versetzte sie auch ihre wenigen noch übrig gebliebenen Juwelen und Festgewänder.

Als Ludwig aus Italien zurückkehrte, war offenbar bereits die Versorgung der Wartburg gefährdet. Hasserfüllte Hofschranzen und verantwortungsbewusste Finanzverwalter verklagten die verrückte Herrin in gleicher Weise, das Fürstenhaus an den Rand des Ruins gebracht zu haben.

Doch Ludwig winkte mit liebevoller Souveränität ab: »Lasst sie doch Gutes tun, lasst sie doch alles, was sie will, Gott geben, wenn sie mir nur meine beiden Schlösser, die Wartburg und die Neuenburg, nicht verpfändet!«

War das alles nur ein Feigenblatt für eine durch und durch unchristliche und bloß fromm aufgeputzte Gesellschaftsordnung? Die einsame Heilige als Alibi, während das

Gros der Christen wieder einmal die Not der Zeit verschlief? »Was hat sich wirklich geändert?«, fragen die Skeptiker und verfrachten Menschen wie Elisabeth von Thüringen oder Mutter Teresa von Kalkutta flugs in die Schublade der »systemimmanenten« Reförmchen – wo doch nach Meinung solcher Kritiker die totale Revolution und der Kampf bis aufs Messer nötig wären, um die Ursachen des Elends aus der Welt zu schaffen.

Sie verdrängen dabei den unendlichen Wert jedes einzelnen Menschenlebens, das Elisabeth und Teresa und all die anderen »systemimmanenten« Basishelfer gerettet oder dem sie zumindest zu einem menschenwürdigen Sterben verholfen haben. Sie vergessen, dass die große Revolution der Strukturen und Programme gar nichts nützt, wenn die Menschen nicht gleichzeitig einen ganz neuen Umgang miteinander und vor allem Respekt vor den Schwachen und Kaputten lernen. Und sie sehen darüber hinweg, dass es auch eine leise Revolution ohne Parolen und Geschrei gibt und dass eine so stille Armutsbewegung wie die von Elisabeth repräsentierte durchaus die fatalistische Anerkennung von »Oben« und »Unten« – vom lieben Gott bestimmt und unantastbar für alle Ewigkeit – verändern kann.

Ganz abgesehen von der da und dort schon damals bezeugten Beispielwirkung dieses Lebens: Elisabeth sei ein Bote, lässt Mechthild von Magdeburg Christus in einer Vision sagen, »ein Bote, den ich zu den unseligen Frauen gesandt habe, die in den Burgen saßen«, und manche sei ihrem Vorbild gefolgt. Ganz abgesehen auch von den zahlreichen Hospitälern und Gemeinschaften, katholischen wie protestantischen, die sich auf die Landgräfin berufen, von den Elisabetherinnen des 15. Jahrhunderts über die Grauen Schwestern in ganz Europa bis zur organisierten Caritas des

21. Jahrhunderts mit heute mehr als 482 000 hauptamtlichen Mitarbeitern und ebenso vielen freiwilligen Helfern allein in der Bundesrepublik Deutschland.

4 / »Tot? Tot ist mir nun alle Freude!«

»Erlösen wir das Grab!« Mit diesem Schlachtgesang auf den Lippen zogen im Jahr nach der großen Hungersnot, 1227, wieder einmal die Kreuzfahrer los, um das Grab Christi und die übrigen unter maurischer Herrschaft stehenden Erinnerungsstätten der Christenheit zurückzuerobern. Tausend Ritter, hundertfünfzig Schiffe und 100 000 Unzen Gold hatte der Papst vom Kaiser Friedrich II. verlangt. Dass der Thüringer Landgraf sofort mitmachte, hat handfeste politische Hintergründe: Ludwigs Familie war in endlose Fehden mit den Mainzer Erzbischöfen verstrickt (die in Thüringen geistliche Macht ausübten und auch territoriale Ansprüche stellten) und wurde von diesen immer wieder einmal gebannt. Als Kreuzfahrer unterstand der Landgraf aber unmittelbar der päpstlichen Autorität und nicht mehr der bischöflichen.

Ludwig versteckte das rote Tuchkreuz – das Abzeichen der Kreuzfahrer – zunächst vor seiner zum dritten Mal schwangeren Frau, »damit seine liebe Wirtin St. Elsbeth dessen nicht gewahr werde und sich nicht betrübe und erschrecke, da sie ihn über die Maßen und aus ganzem Herzen lieb hatte«.

Als sie das verräterische Tuchkreuz dann doch zufällig entdeckte, wurde sie vor Schreck ohnmächtig. Vergeblich bat sie den geliebten Mann in einer bangen Vorahnung: »Lieber Bruder, bleib bei mir!« Drei Tagereisen weit begleitete sie ihn über die Grenzen Thüringens hinaus, und als sie sich endlich losreißen konnte, kehrte sie zurück, »weinend wie eine Witwe und Tränen auf ihren Wangen« (Dietrich von Apolda).

Elisabeth sollte ihren Gatten nicht mehr lebend wiedersehen. Sechsundzwanzigjährig erlag er noch vor der Einschiffung bei Brindisi einer Seuche. Elisabeth war mit knapp zwanzig Jahren und drei kleinen Kindern zur Witwe geworden. Als sie die Todesnachricht erhielt, reagierte sie nach den alten Quellen wie eine Wahnsinnige: »Tot?«, schrie sie auf, »tot ist mir nun alle Freude und Ehre der Welt!« Laut weinend, stürmte sie durch die Säle und schlug »wie von Sinnen« ihren Kopf gegen die Wand.

Dieser Ausbruch leidenschaftlicher Liebe kann gewiss mehr auf unsere Sympathie rechnen und entspricht wohl auch eher einer menschenfreundlichen Religion als der merkwürdige, eiskalte »Zuspruch« ihres Beichtvaters: »Ist das Euer Frommsein, Frau Elisabeth? Kennt Ihr nicht mehr die Ergebung in den Willen des Schöpfers?«

Nein, auch jetzt, als er ihr den Geliebten genommen hatte, wollte sie Gott nicht hassen. Aber ihren Schmerz wollte sie wenigstens hinausschreien dürfen. Noch in ihrem berühmten Gebet ein halbes Jahr später, als Ludwigs Leichnam nach Deutschland überführt und sein Schrein im Bamberger Dom geöffnet wurde und Elisabeth schaudernd die – kunstgerecht präparierten – Gebeine ihres Gatten erblickte, noch in jenem Gebet zittert bei aller bewundernswerten Glaubensstärke ein unbändiger Schmerz mit: »Ich wollte alle meine Tage in Demut mit ihm betteln gehen, könnte ich nur sein freundliches Gesicht wiedersehen und seinen Umgang genießen! Aber nun will ich, allerliebster Herr, deinem göttlichen Willen nicht widerstreben ...«

Herr, ich danke deiner Gnade und Barmherzigkeit, dass du mir armer Magd mein großes Begehren erfüllt und mich in meiner Betrübnis dadurch gnädig getröstet hast, dass ich gesehen und geschaut habe das zärtliche Gebein meines allerliebsten Bruders und Freundes. Wohl habe ich ihn von ganzem Herzen über alle irdischen Dinge lieb gehabt, doch empfinde ich keinen Hass deswegen, dass er sich dir geopfert hat und durch deinen Willen, um dem Heiligen Land zu helfen, in fremden Landen sein Ende genommen hat.
Herr, du weißt wohl, möchte es mit deinem heiligen göttlichen Willen möglich sein, so wären mir sein Leben, seine liebliche, fröhliche Gegenwart und sein Angesicht lieber als alle Freude, Wonne, Ehre und Wollust dieser Welt; ich wollte alle meine Tage in Demut mit ihm betteln gehen, könnte ich nur sein freundliches Gesicht wiedersehen und seinen Umgang genießen!
Aber nun will ich, allerliebster Herr, deinem göttlichen Willen nicht widerstreben. Ich befehle ihn und auch mich in deinen göttlichen Willen. Wenn es gegen deinen heiligen Willen sein sollte, möchte ich ihn nicht einmal um den Preis eines einzigen Haares ins Leben zurückkaufen!

Gebet der Witwe vor den sterblichen Überresten
des Landgrafen Ludwig

Auf der Wartburg brach jetzt freilich, wie nicht anders zu erwarten, der Hass gegen die junge Witwe offen hervor. Ludwigs Nachfolger als Landgraf, sein jüngerer Bruder Heinrich Raspe, nahm ihr ungeachtet ihres Protests die Witwengüter weg – freilich nicht ohne ihr den Lebensunterhalt aus dem Haushalt des neuen Burgherrn anzubieten. Heinrich Raspe hatte zudem gute Gründe für seine Maßnahme; Elisabeth hätte in ihrer ungebremsten Freude am Schenken ihr Witwenerbe möglicherweise in kurzer Zeit vergeudet, und ihre Kinder hätten dann Not leiden müssen. Trotzdem war dieser Eingriff in die Rechte der Witwe ungesetzlich, und Elisabeths wenige treu gebliebene Verwandte sorgten mit einer energischen Intervention dafür, dass Heinrich seine Sparpolitik gegenüber der Schwägerin rückgängig machte. »Er ließ sie wohl pflegen und warten«, versichert der Burgkaplan Berthold.

Deshalb dürfte die von sämtlichen Legenden breit ausgemalte brutale Vertreibung der unglücklichen Frau von der Wartburg, mitten im Winter, die vor Kälte zitternden Kinderchen auf dem Arm, nicht mehr sein als ein zweifellos gekonnter dramaturgischer Effekt. Solche Schwarzweißmalerei – hier die herzlose Familie, dort die edle Ausgestoßene – entspricht dem Strickmuster rührseliger Romane besser und ist auch leichter zu verdauen als ein freiwilliger Verzicht auf den gewohnten Lebensstandard und die Familienbindung.

Es spricht alles dafür, dass die im Protokoll der vier Dienerinnen mit einem einzigen dürren Satz und ohne nähere Auskünfte erwähnte »Vertreibung« durch »einige Vasallen« des Landgrafen eher ein allmähliches Hinausekeln war als ein spontaner Rauswurf. Das Witwendasein in einer feindseligen Umgebung, die den lästigen Gast gerade noch duldete, aber ihn die Ablehnung wohl deutlicher denn je spüren ließ, kann nicht besonders reizvoll gewesen sein.

Zudem hatte sich Elisabeth schon als Fürstin nach einer noch radikaleren Änderung ihres Lebens gesehnt. Der Kaplan Berthold hat ihre Motive wohl besser erfasst als die Vertreibungslegende, wenn er notiert: »Sie bedachte, dass die Armen entgelten müssten, was die Fürsten und Herren in Wollust verzehren. Darum dachte sie von Tag zu Tag daran, davonzuziehen, und wollte lieber mit armen, gottgefälligen Leuten Entbehrung leiden als in fürstlicher Gewalt und Wollust Sünde und Untugend treiben. Darum kam sie wieder in Armut und Entbehrung, die sie um Gottes willen gern erduldete.«

Radikal arm wollte sie sein, nicht mehr fürstliche Wohltäterin und Helferin aus gesicherter Position heraus. Alles oder nichts. Deshalb verließ sie die Wartburg. Deshalb lehnte sie sämtliche Versuche ihrer Verwandtschaft, sie zu einer neuen Ehe zu bewegen, kategorisch ab. Ihrem Onkel, dem kriegerischen Erzbischof Ekbert von Bamberg, drohte sie, sich lieber die Nase abzuschneiden, »dann würde wohl niemand mehr um mich werben!« Elisabeths Hartnäckigkeit gewinnt ihren besonderen Wert, wenn man weiß, dass sich unter den Bewerbern immerhin Kaiser Friedrich II. befand. Später wird er ihr eine kostbare Krone auf den Sarg legen.

Aber die Witwe wollte jetzt, da ihr geliebter Ludwig tot war, nur noch einem allein gehören: jenem, den sie kurz nach dem Verlassen der Wartburg in einer Vision gesehen hatte, während eines Gottesdienstes in der Fastenzeit, bezaubernd lächelnd, im offenen Himmel: »Willst du mit mir sein«, hörte sie Christus sagen, »so will ich mit dir sein und mich nie von dir trennen.«

Wir finden sie wieder in Marburg – weit weg von der Wartburg –, wo sie mit ihren beiden treuen Dienerinnen Guda und Isentrud in bescheidenen Verhältnissen lebt und 1228 oder 1229 ein folgenschweres Gelübde ablegt. Ihr Beichtvater Konrad von Marburg berichtet: »Just am Karfreitag, als die Altäre entblößt waren, legte sie ihre Hände auf den Altar einer Kapelle, die sie den Franziskanern übergeben hatte, und verzichtete in Gegenwart einiger Brüder auf Eltern und Kinder und auf den eigenen Willen, auf allen Glanz der Welt und auf alles, was zu verlassen der Heiland im Evangelium rät. Als sie nun auch auf ihren Besitz verzichten wollte, riss ich sie vom Altar weg.«

Der kurze Text enthält bereits die beiden Hauptschwierigkeiten, die uns der folgende letzte Lebensabschnitt Elisabeths bereitet: ihr zwiespältiges Verhältnis zu ihrem Beichtvater und die nicht minder problematische Entscheidung zwischen der Mutterrolle und einer Art Nonnendasein.

Dieser Konrad von Marburg, Magister, Kreuzzugsprediger und Ketzerverfolger, ist eine der unerfreulichsten Erscheinungen in der Kirchengeschichte des frühen 13. Jahrhunderts, hoch gebildet, persönlich von untadeligem Lebenswandel, bedürfnislos, asketisch, aber im Umgang mit anderen von unmenschlicher Strenge, gefühlsarm, tyrannisch, engherzig und mitleidlos grausam, wenn es Abweichungen von der reinen Lehre zu bekämpfen galt. Im Todesjahr Elisabeths machte ihn Papst Gregor IX. zum ersten Großinquisitor von Deutschland, direkt dem Apostolischen Stuhl unterstellt und der bischöflichen Gerichtsbarkeit entzogen; gegen seine Urteile gab es keine Berufungsinstanz. Mit einem Netz von Spitzeln, höchst fragwürdigen Gerichtsverfahren und schauerlichen Folterpraktiken errichtete Konrad ein Schreckensregiment in Deutschland. Der Bruder klage den Bruder an, die Frau ihren Gatten, schrieb der Erzbischof von Mainz entsetzt an den Papst. Am Ende beschränkte sich der fanatische Ketzerjäger immer öfter auf den bloßen Urteilsspruch ohne Verhandlung, ließ wahllos Leute ohne Beweise verhaften und den Flammen übergeben, mit der zynischen Begründung: »Hundert Unschuldige wollen wir verbrennen, wenn nur ein Schuldiger dabei ist« (Wormser Annalen). Kaum zwei Jahre nach seiner Ernennung erschlugen ihn Angehörige seiner Opfer in der Nähe von Marburg wie einen tollen Hund, und niemand trauerte um ihn.

Wie konnte sich ein so grundguter, sensibler Mensch wie Elisabeth, erfüllt von zärtlicher Liebe zu den Kleinen und Schwachen, ausgerechnet diese finstere Figur zum Seelenführer aussuchen und ihm noch in Gegenwart ihres Gatten Gehorsam schwören? Konrad muss auch seine guten Seiten gehabt haben. Er galt als integer, sittenstreng, weise; Elisabeth faszinierte wohl vor allem sein absolut armer Lebensstil.

Bald zeigt sich freilich, wie er die ihm vom Papst persönlich aufgetragene geistliche Fürsorge für Elisabeth versteht: Er will sie zu einem völlig preisgegebenen, fügsamen Werkzeug Gottes machen – und steht dabei ständig in Gefahr, sie bloß zu seiner eigenen Marionette zu formen. Er unterstützt ihren Wunsch nach radikaler Armut durch teils sehr praktisch durchdachte Machtworte und Regeln (das »Speiseverbot« geht auf ihn zurück), stürzt die von Besitz und höfischen Konventionen Befreite durch seine Tyrannei jedoch in neue Abhängigkeiten. Als sie einmal eine seiner Predigten versäumt (weil sie auf der Wartburg einen hohen Gast empfangen muss), bestraft er sie mit den strengsten

Bußübungen. Und in anderen Fällen schreckt er auch nicht davor zurück, die Fürstin zu verprügeln, um seinen Worten Nachdruck zu verleihen.

Bezeichnend jene – von den Dienerinnen überlieferte – Geschichte von den Altenberger Nonnen, die Elisabeth, damals schon Witwe, gern kennenlernen möchten und den Magister Konrad bitten, ihr das Betreten der Klausur zu gestatten. »Sie mag eintreten, wenn sie will«, antwortet er doppeldeutig, um sie auf die Probe zu stellen. Elisabeth missversteht das als Erlaubnis, besucht die Nonnen, wird aber sofort von dem maßlos erzürnten Konrad herausgerufen, mit der Exkommunikation bedroht und von seinem Diener so brutal mit einer starken Rute verdroschen, dass die Spuren länger als drei Wochen zu sehen sind.

5 / Seelenführer mit kranker Seele

Eine unglückliche Kreatur, dieser unbarmherzige Priester, der sich selbst offensichtlich nicht mag und glaubt, Gott komme man durch Verzicht auf menschliche Regungen am nächsten. Ein kaputter Mensch, der sich als Zuchtmeister an die klammert, die mit ihrer Zärtlichkeit und ruhigen Güte alles das besitzt, was ihm fehlt. Ein in seinen Gefühlen Blockierter und Gestörter, der buchstäblich um sich schlägt aus lauter Angst vor der Liebe. Elisabeth hat ihn gefürchtet, sie hat sich ihm bis an die Grenze des Ich-Verlustes untergeordnet (»ich bin nur ein Stück von Euch«, gesteht sie ihm drei Tage vor ihrem Tod), aber sie war viel zu stark und hatte zu viel eigenes Profil, um sich von diesem kleingeistigen Prügelpädagogen mit seinen Schikanen zerbrechen zu lassen.

Sie umgeht raffiniert seine drakonischen Verbote, lässt eigens winzige, aber kostbare Silberpfennige prägen, als er ihrer maßlosen Almosenfreude einen Riegel vorschieben will und sie anweist, statt der Kupfermünzen nur noch kleines Geld auszuteilen ... Nach der brutalen Szene vor dem Altenberger Kloster vergleicht sie – vor Schmerz keuchend, aber nicht ohne Trotz – das menschliche Leben mit einem Schilfrohr: Bei Hochwasser drückt es der Fluss nieder und fließt darüber, ohne es zu knicken, und nachher richtet es sich wieder empor und wächst wie zuvor. »So müssen auch wir uns bisweilen beugen und demütigen und uns danach wieder lieblich und schön aufrichten.«

Hinter solchen Worten (die auf einem alten ungarischen Sprichwort beruhen) steckt eine ausgesprochen realistische Lebenseinstellung. Elisabeths asketische Selbstaufgabe entspringt nicht der Lust am Gedemütigtwerden; sie wird klein, damit andere Lebenschancen bekommen. Denn um andere glücklich zu machen, hat sie die Armut gewählt; und um immer konsequenter in diese Armut hineinzuwachsen, begibt sie sich – im buchstäblichen Sinn – unter Meister Konrads Rute. Gerade in diesem oft so unwürdigen, eifernden, menschenverachtenden Priester sieht sie Gott am Werk, dem allein sie sich letztlich fügt.

Zumal der unbarmherzige Meister Konrad in ihrem Leben durchaus eine wichtige Funktion als realistischer Bremser erfüllt hat. Oft genug setzt er ihrem schwärmerischen Verlangen überzeugende Vernunftgründe entgegen. Wie die Schilderung ihres Gelübdes zeigt, hindert er sie daran, zur Bettlerin zu werden: Wer soll dann die Kreuzzugsschulden ihres Mannes bezahlen? Und womit will sie den Armen helfen, wenn sie auch noch auf die wenigen ihr verbliebenen Witwengüter verzichtet? Er verbietet ihr, die

Aussätzigen zu berühren, damit sie sich bei ihrer zarten Gesundheit nicht ansteckt.

Konrad ist sicher an Elisabeths Entwicklung zur Ekstatikerin beteiligt, die sich rücksichtslos geißelt, Raubbau an ihrer Gesundheit treibt und Dinge sieht, von denen man nicht weiß, ob es sich um die Visionen einer leidenschaftlich Gläubigen oder um krankhafte Halluzinationen handelt. Aber seine erhaltenen »Lebensregeln« für die Fürstin (»Sei barmherzig gegen den Nächsten ... Habe Gott stets in deinem Herzen und in deinen Gedanken ... Was du willst, dass dir die Menschen tun, das tu auch ihnen ...«) verraten Verständnis, Takt und Nüchternheit. Er bahnt ihr den Weg für eine sinnvolle Tätigkeit als Hospitalschwester (nicht als Franziskaner-Terziarin, wie man früher annahm) und sorgt dafür, dass sie vom Herrscherhaus eine anständige Abfindungssumme erhält.

Erheblich schwerer fällt uns heute das Verständnis dafür, dass sich Elisabeth unter dem Einfluss Konrads kurzerhand von ihren Kindern trennt, »um nicht durch zu große Liebe am Dienste Gottes gehindert zu werden«. Zuvor hat er ihr »in der Erkenntnis, dass sie vollkommen werden wolle« (Konrad), schon ihre treuen Mägde genommen, die sie freiwillig ins Exil begleitet haben und richtige Freundinnen für sie geworden sind. Stattdessen muss sie mit einer tauben, mürrischen Witwe und einer hässlichen Jungfer zusammenleben, damit, wie Konrad seine Maßnahme begründet, »durch die Magd ihre Demut vermehrt und durch die unfreundliche Witwe ihre Geduld geübt würde«.

Man kann zwar darauf hinweisen, dass die Kindererziehung durch Ammen damals üblich und die enge Mutterbindung späterer Zeiten gerade in adeligen Kreisen noch unbekannt war. Die Kinder waren vermutlich auch auf der

Creuzburg und im Kloster Altenberg besser aufgehoben als bei der im Elend lebenden Landgräfin in ihrer Sehnsucht nach einem Bettlerdasein. (Ihr Sohn starb als Landgraf, eine Tochter wurde Herzogin, die andere Äbtissin.) Sie habe ihre Kinder weggegeben, um ihnen die Armut zu ersparen und eine standesgemäße Erziehung zu sichern, sagen denn auch fast alle Biografen und halten sich bei dem heiklen Thema nicht länger auf – obwohl doch gerade dieses Motiv einer »standesgemäßen Erziehung« zu Elisabeth nicht recht passen will.

Nein, den ungesunden Zügen in dieser Entwicklung muss man sich schon stellen. Es ist ja auch zutiefst befremdlich, wenn sie – nach dem Bericht der Dienerinnen – Gott gebeten hat, »ihr eine übertriebene Liebe zu ihren Kindern zu nehmen«, und wenn sie der Magd Isentrud gesagt haben soll: »Meine Kinder liegen mir nur noch wie ein Nachbar am Herzen, ich habe sie Gott anvertraut, möge er über sie verfügen, wie es ihm gefällt.« Die Frage muss erlaubt sein, ob da nicht sehr reale »irdische« Pflichten um eines Traums vom Nonnendasein willen verdrängt worden sind und ob die Lösung nicht auch hätte heißen können, auf der Wartburg zu bleiben der Kinder wegen.

Aber dort hätte sie natürlich nicht so wirkungsvoll Oben und Unten umkehren und wie eine der Ärmsten leben können – deshalb sehnte sich die einstige Fürstin ja so nach dem Bettelstab. Sie lehnte es ab, in Marburg auf der Burg zu wohnen (was ihr zugestanden hätte); stattdessen gründete sie mit der Ablöse ihrer Witwengüter und einem Rest ihrer Aussteuer das Franziskus-Hospital vor den Toren der Stadt. Zusammen mit den beiden von Konrad bestellten Aufpasserinnen und einem an Blutfluss leidenden, hilflosen Knaben, den sie nachts bis zu sechsmal versorgen und zur

Latrine tragen musste, lebte sie in einer kleinen Stube, verdiente sich ihr karges tägliches Brot durch Spinnen und Weben, verbrachte jede freie Minute im Spital.

6 / Arm und frei

Auch ohne Betteln hatte sie ihr Ziel erreicht: Die Fürstin war ein armes, verachtetes Weib geworden, auf der alleruntersten Stufe der sozialen Rangleiter stehend, von den früheren Standesgenossen geschnitten und von ihrer neuen Umgebung keineswegs als herniedersteigender Engel verehrt. Viele von den verbitterten, hart und böse gewordenen Elendskreaturen hielten die freiwillig auf Macht und Geld verzichtende einstige Landesherrin ganz einfach für übergeschnappt und rächten sich wohl auch an der nun Schutzlosen für Gewalt und Ungerechtigkeit, die man irgendwann einmal von einem fürstlichen Aufseher oder Steuereintreiber erfahren hatte. Die Maler haben sich gern jene Geschichte vom Bettelweib zum Vorbild genommen, das einst von der Fürstin reich mit Almosen bedacht worden war und die Armgewordene nun schadenfroh in den Straßendreck stieß.

Wobei man auch bedenken muss, dass Elisabeths eifrig genütztes Organisationstalent schlecht in eine Zeit passte, in der das Frauenbild zwar zäh und allmählich eine Aufwertung erfuhr – in Klöstern und »weltlichen« religiösen Gemeinschaften, aber auch in Kreisen der Ketzer entdeckten die Frauen neue, verhältnismäßig freie Lebensformen, für wohlerzogene Ritter und charmante Minnesänger rückten sie plötzlich in den Mittelpunkt der höfischen Gesellschaft –, eine Zeit aber auch, in der an der Pariser Universität noch allen Ernstes die Frage diskutiert wurde, ob die Frau eine Seele habe wie der Mann. Und was Elisabeth in ihrem Hospital trieb, galt zum Großteil ohnehin als Männerarbeit.

Sie pflegte stinkende Aussätzige, verband ihre eiternden Geschwüre und wusch ihnen den Ausfluss ab. »Wie wohl ist uns«, sagte sie leichthin zu ihren Mägden, »dass wir unseren Herrn so baden und betten dürfen!« Sie machte den Kranken das Lager, wechselte die verschmutzte Wäsche, half die Kraftlosen ins Bad tragen und sprach allen Mut zu.

Vor allem die Kinder liebten die immer fröhliche, unkomplizierte Pflegerin, die sich zum Staunen ihres Beichtvaters detaillierte hygienische und medizinische Kenntnisse verschafft hatte. Nur kochen konnte sie immer noch nicht, wie ihre Dienerinnen trocken im Heiligsprechungsprozess vermerkten:

»Wegen ihrer überaus großen Armut gab sie sich oft mit wässerigen Suppen aus Hülsenfrüchten oder Krautblättern zufrieden. Diese an sich schon erbärmliche Speise, die sie wegen ihres Betens unaufmerksam zubereitete, schmeckte dann auch noch angebrannt.«

Die Gesandten aus Ungarn, welche die Königstochter mit allen Ehren heimholen wollten, schickte sie freundlich zurück. Stattdessen nahm sie ein lepröses Mädchen mit nach Hause, fütterte und wusch es, bis Konrad den ungebetenen Gast entdeckte und Elisabeth wieder einmal die Rute spüren ließ.

Doch da war ihr Körper bereits erschöpft und verbraucht, ihre Seele alt geworden und ihre Freude am Leben geschwunden. Elisabeth wurde schwer krank (die Forscher vermuten Schwindsucht), schenkte ihren allerletzten Besitz her, legte sich mit vierundzwanzig Jahren aufs Sterbebett und träumte im Fieber von Betlehem: »Nun wollen wir von Gott und dem Jesuskind sprechen«, flüsterte sie in ihrer letzten Nacht, »es geht ja auf Mitternacht, die Stunde, in der Jesus geboren wurde, in der Krippe lag und in seiner Allmacht den neuen Stern erschuf, den niemand vorher gesehen hat!«

Nein, krank fühle sie sich nicht, nur sehr schwach. Sie begann vor Freude zu strahlen und verkündete ganz leise: »Nun ist die Zeit nahe, da der allmächtige Herr seine Freunde zu sich rufen wird!« Als sie in seinen Frieden hinüberging, lag sie nach dem Bericht der Dienerinnen »wie schlummernd« da, und an ihrem Bett saß ein an Krätze leidender, kahlköpfiger Knabe, den sie in der letzten Zeit gepflegt hatte.

Das war am 17. November 1231. Schon vier Jahre später fand die Heiligsprechung statt, die der rührige – und vielleicht auch von schlechtem Gewissen geplagte – Konrad von Marburg betrieben hatte.

Auch die landgräfliche Familie sang jetzt, da sie tot war, das Loblied der einst Verfemten; eine Heilige war von unschätzbarem politischen Wert für das Herrscherhaus.

»Ein Werk des allmächtigen Gottes« sei diese Frau gewesen, stellte Papst Gregor IX. fest. Für den kostbaren, mit Gold und Silber überzogenen Schrein mit ihren Gebeinen baute man die prächtige Marburger Elisabethkirche, das erste rein gotische Gotteshaus in Deutschland.

Doch es ist, als ob Elisabeth noch im Tod gegen eine solch feudale Grabstätte hätte protestieren wollen. Während der Reformationszeit verschwanden ihre Gebeine, 1539 unter der Herrschaft von Landgraf Philipp dem Großmütigen, und niemand weiß, ob und wo sie ein zweites Mal beigesetzt worden sind. Der prachtvolle Schrein ist leer. Elisabeths stürmische Liebe zur Armut hat ein letztes Mal gesiegt.

Mehr als Brot und Rosen

Bischof Martin Hein

Elisabeth von Thüringen hat von sich kein schriftliches Zeugnis hinterlassen. Es ist zwar anzunehmen, dass sie als ungarische Königstochter am thüringischen Hof eine Ausbildung genossen und Lesen und Schreiben gelernt hat. Aber es gibt von ihr kein literarisches Dokument, das uns einen Eindruck davon geben könnte, wer sie wirklich war. Alles, was wir von Elisabeth wissen, stammt aus Quellen, die aus einer bestimmten Perspektive und Absicht geschrieben sind.

Bereits kurz nach ihrem Tod verfasste Konrad von Marburg den ersten Lebensbericht über Elisabeth.[1] Mit den Wunderheilungen, die sich an ihrem Grab ereignet haben sollen, ergaben sich gute Aussichten, das Heiligsprechungsverfahren in Gang zu setzen. Man kann davon ausgehen, dass Konrad mit dem Lebensabriss die Absicht verfolgte, bei Papst Gregor IX. die Kanonisierung Elisabeths zu erwirken.

Im Rahmen dieses Verfahrens wurden vier Frauen befragt, die Elisabeth als Dienerinnen besonders nahestanden. Sie gaben Auskunft über Elisabeths Lebenswandel in der Kindheit, in der Ehe, in der Zeit ihres Wechsels von der Wartburg nach Marburg und als Schwester der Welt bis zu ihrem Tod. Die Aussagen wurden zu Protokoll gegeben und sind im so genannten *Büchlein über die Aussagen der vier*

Mägde[2] festgehalten. Die Historizität dieser Quelle wird unterschiedlich eingeschätzt. Unverkennbar ist, dass typische Wesensmerkmale einer Heiligen bei den Aussagen leitend waren, so dass nicht leicht auszumachen ist, wo tatsächlich individuelle Züge der Person Elisabeth hervortreten. Der Kieler Kirchenhistoriker Johannes Schilling ist dennoch der Auffassung, dass die Auskünfte von Elisabeths Dienerinnen, weil unter Eid ausgesagt, der Erfindungs- und Fabulierlust Grenzen zogen, »auch wenn es vielleicht nicht leicht möglich war, das außerordentliche Leben der Verstorbenen ohne Bezüge auf hagiographische Muster zu beschreiben. Aber der Grad an Authentizität dieser Aussagen ist doch ausgesprochen hoch und die Verlässlichkeit als ungewöhnlich zu beurteilen«.[3]

1289, rund sechzig Jahre nach Elisabeths Tod, verfasste der Dominikanerpriester Dietrich von Apolda eine Beschreibung ihres Lebens[4], die sich auf die Quelle des *Libellus* gründet. Auch hier täte man dem Text Gewalt an, läse man ihn als einen verbürgten Tatsachenbericht. Vielmehr führte Dietrich von Apolda die Legendenbildung um Elisabeth fort. Ihm ging es nicht darum, ein historisches Abbild ihrer Person zu liefern, sondern seinen Lesern die besondere Begnadung Elisabeths zu einem tugendhaften und christusförmigen Leben vorzustellen und sie zu ermuntern, dem Vorbild Elisabeths nachzueifern.

Schon in den ältesten Quellen zeichnet sich also ab, dass ein bestimmtes Bild von Elisabeth kreiert wird, das sie als Heilige legitimieren soll. Sie stellen uns in Elisabeth den Mythos eines in Christus gegründeten Lebens vor, das sich in Übereinstimmung mit dem biblischen Zeugnis gestaltet hat.

In vier Perspektiven will ich versuchen, mich der Gestalt der Elisabeth und ihrer Nachwirkung anzunähern:

Zunächst: Das wirkliche Leben Elisabeths ist in den genannten Zeugnissen untrennbar verwoben mit Deutungen und Idealisierungen. Bei ihrer Lektüre erfahren wir deshalb genauso etwas über die Interessen der Autoren, die – gerade was die alten Quellen betrifft – eindeutig kirchlich motiviert waren.

Sodann: Dem ist gegenüberzustellen, was Menschen heute an Elisabeth interessiert. Man sollte sich bewusst sein, dass bei allem Bemühen, die Quellen kritisch zu lesen, der Mythos Elisabeth fortgeschrieben wird. Da uns die wirkliche Elisabeth entzogen ist, erhält ihr Leben Kontur und Farbe erst durch das, was wir in diesem Leben sehen und als für uns bedeutend entdecken. Solch eine Fortschreibung der Bilder ist dann legitim, wenn diese gegenüber den vorliegenden Quellen plausibel bleiben, die Umstände ihrer Entstehung betrachtet werden und darüber Rechenschaft abgelegt wird.

Weiter: Ein Gesichtspunkt in Elisabeths Leben soll besonders hervorgehoben werden, dem der »Zeitgeist« erst in jüngster Zeit wieder mehr Verständnis entgegenbringt. Es ist der Aspekt der dienenden Hingabe.

Und schließlich: Bei aller Mythenbildung ist Elisabeth eine Frau, die wirklich gelebt hat. Das macht die Faszination ihrer Erinnerung aus. Elisabeth ist eine Persönlichkeit, die Geschichte gemacht hat. Sie wird sichtbar in den vielen diakonischen und caritativen Einrichtungen, die ihren Namen tragen. Man tritt mit ihr in Berührung, wenn man die Orte aufsucht, wo sie gelebt und gewirkt hat. Wie aber feiern Evangelische »ihre« Elisabeth? Und welchen Bezug haben sie überhaupt zu »Heiligen«?

1 / Was Elisabeth ihren Zeitgenossen bedeutete

Elisabeths Verehrung setzte unmittelbar mit ihrem Tod ein. Die Menschen strömten zu ihrem Grab, denn schon bald verbreitete sich die Kunde, dass dort Wunderheilungen geschehen seien. Eine Heilige war sie für das Volk längst zuvor schon. Das Entscheidungsrecht über die Kanonisation Elisabeths aber besaßen die höchsten Amtsträger der Kirche – in Elisabeths Fall war es sogar erstmalig der Papst allein, dem das Kanonisationsrecht vorbehalten war.[5] Um die Echtheit der Wunder zu prüfen, leitete man eine aufwendige Zeugenvernehmung ein. Mit den Protokollen erhielt der Papst auch die Berichte über den Lebenswandel der Elisabeth.

Im Zuge der Verrechtlichung der Heiligsprechung wurden die Kriterien festgeschrieben, die für die Kanonisation einer Toten erfüllt sein mussten: Unerlässliche Voraussetzung im Mittelalter war der Nachweis von Wundern am Grab. Ebenfalls wesentlich war die Aufopferung des Lebens für Gott. Während der Christenverfolgung waren die Märtyrer zu Heiligen geworden, weil sie selbst im gewaltsamen Tod von ihrem Bekenntnis zu Christus nicht abließen. Auch nach der Christenverfolgung zeichnete sich ein heiliges Leben durch sein Leiden aus – nur dass nun das Martyrium umgedeutet wurde in die Form der täglich zu übenden Abtötung des natürlichen Begehrens. Es entstand ein neuer Heiligkeitstyp, der den monastischen Idealen von Armut, Keuschheit und Gehorsam folgte. Auch dieser sonderte sich aufgrund seines Bekenntnisses zu Christus von weltlichen Belangen ab und entsagte irdischen Bindungen.[6]

Auf der Grundlage dieser Kriterien musste sich die Heiligsprechung Elisabeths schwierig gestalten. Elisabeth lebte im Glanz des fürstlichen Standes und legte ihren Adelsstand trotz eines Lebens in Armut nie ab. Sie war verheiratet und Mutter von drei Kindern. Sie war eigensinnig und hatte einen starken Willen.

Die Quellen sind deshalb bemüht, bei Elisabeth die typischen Merkmale einer Heiligen bereits für die Zeit herauszustellen, als sie noch in weltlichen Bezügen lebte.

Die Kindheit

Schon dem Mädchen Elisabeth wird im *Libellus* das Verlangen zugeschrieben, für Gott und die Armen da zu sein, das sie aus dem Kreis ihrer Gespielinnen heraushob. Elisabeth habe »von Jugend auf frommen Eifer gezeigt und ihr Sinnen und Trachten in Spiel und Ernst auf Gott gerichtet«[7]. Während sie mit anderen Mädchen spielte, stand ihr eigentlich der Sinn danach, Andacht in der Kapelle zu halten. Dienerinnen sollen beobachtet haben, wie Elisabeth sich den Anschein gab, beim Spiel ein Mädchen fangen zu wollen, tatsächlich aber das Fangspiel nutzte, um auf diesem Weg zur Kapelle zu gelangen. Mit solchen und anderen »Tricks« gelang es Elisabeth, sich mitten im Spiel Gelegenheit zu Gebet und Andacht zu verschaffen. Ebenfalls wird berichtet, dass sie – auch dies ungewöhnlich für ein Kind – bewusst darauf verzichtete, Erste zu sein, oder dass sie ihren Gewinn armen Kindern gab. Das spätere Leben als Heilige ist also bereits in der frühesten Kindheit angelegt: Das Mädchen Elisabeth lebt im Zwiespalt zwischen weltlichen und geistlichen Belangen und kann dem Verlangen nach einem frommen Leben wegen der irdischen Bindungen nur ungenügend nachkommen.

Die Ehe

Elisabeth wurde als Vierzehnjährige mit dem Thüringer Landgrafen Ludwig verheiratet. Zusammen aufgewachsen, empfanden sie schon als Kinder Zuneigung füreinander und geschwisterliche Verbundenheit. Der zärtliche, respektvolle und ebenbürtige Umgang beider miteinander wird vielfach erwähnt. Dies ist um so beachtenswerter, als das Empfinden und Äußern von Liebe in einer ehelichen Verbindung für diese Zeit äußerst ungewöhnlich war.

Die Zeugnisse widmen dem Eheleben Elisabeths breiten Raum. Es wird berichtet, dass sie sich nachts von ihrer Dienerin wecken ließ, damit sie das Gebet nicht verschliefe. Sie entzog sich ihrem Mann, kniete vor dem Bett und kasteite ihren Leib, indem sie manchmal auf dem Boden weiterschlief. Auf Vorwürfe, dass sie nicht gern bei ihrem Mann liege, soll sie geantwortet haben: »Wenn ich auch nicht immer beten kann, so möchte ich meinem Fleisch doch diese Gewalt antun, dass ich mich von meinem heiß geliebten Gemahl losreiße.«[8] Auch verließ sie nachts ihren Mann, um sich von ihren Dienerinnen auspeitschen zu lassen und dann fröhlich zu ihm zurückzukehren.

Für die Heiligsprechung stellte es ein Problem dar, dass Elisabeth ihren Mann liebte und begehrte, und nicht, wie es unter den Beginen zum Teil üblich war[9], mit ihrem Mann in Keuschheit lebte: Man ging davon aus, dass sexuelles Begehren zur Sünde verlocke und dem tugendhaften Leben einer Heiligen widerspreche. In der religiösen Unterweisung ihres Beichtvaters Konrad stand im dritten Artikel: »Du sollst dich vor leiblicher Freude und Lust hüten, denn sie bereiten der Seele ewige Qual.«[10]

Elisabeth musste also, um als heilige Frau gelten zu können, in ihrer Ehe Gewissensnot empfinden, dass die Liebe zu ihrem Mann sie hinderte, Christus allein ihre ganze Liebe zu schenken und sich ihm hinzugeben. Die Zeugnisse schildern ihr Bedauern, nicht Jungfrau geblieben zu sein, um in Keuschheit leben zu können. So suchte sie die Verleugnung Christi im leiblichen Begehren mit Bußübungen auszugleichen und erlangte dadurch für gewisse Zeit ihren inneren Frieden zurück.[11]

Das Drama dieser Gewissensnot hat Reinhold Schneider brillant beschrieben: »Elisabeth stand zwischen dem himmlischen und dem irdischen Bräutigam; sie konnte diesen nicht lassen und die Liebe zu jenem sich nicht aus dem Herzen reißen. In ihren Ohren, in ihrem Gemüt lag das furchtbare Wort: Folge mir nach! Wie sollte sie es verstehen? Und wenn sie nun folgte, wo war die Grenze? Wo führt dieses Wort hin?«[12]

Es ist durchaus möglich, dass Elisabeths erotisches Temperament sie tatsächlich in eine innere Zerrissenheit trieb und diese nicht nur in Hinblick auf ihre Heiligsprechung in den Quellen so bezeugt und unterstrichen wird. Schließlich war sie ein Kind ihrer Zeit und den Maßgaben eines frommen Lebens unterworfen, das sie gewiss erstrebte.

Uns mag die Verwerfung der Sexualität als Sünde wie eine neurotische Verzerrung der Christusliebe und als Ausdruck einer tiefen Leibfeindlichkeit erscheinen. Bei allem Befremden hat Reinhold Schneider in Elisabeths Gewissensnot jedoch etwas Richtiges herausgespürt. Die Forderung zur Nachfolge Christi kann für einen Menschen, der sich ihr ernsthaft verpflichtet und hingegeben fühlt, eine Ausschließlichkeit gewinnen, die familiäre Bindungen nicht mehr zulässt.[13]

Elisabeths Weg in die Armut

1225 siedelten die ersten Franziskaner in Eisenach. Über sie kam die 17- oder 18jährige Elisabeth in Berührung mit der kirchlich integrierten Armutsbewegung der Minoritenbrüder. Eine besondere Nähe entwickelte sie zu ihrem *Magister disciplinae spiritualis* Rodeger. Ein Jahr später schon unterstellte sich Elisabeth auf eigenen Wunsch und über die Vermittlung von Papst Gregor IX. der geistlichen Anleitung von Konrad. Ihm gegenüber legte sie zur Zeit ihrer Ehe ein Gehorsamsgelübde ab, in dem sie sich auf ein Leben in

Armut, und im Fall des Todes ihres Mannes, auf ein Leben in Keuschheit verpflichtete.[14]

Elisabeth distanzierte sich zunehmend vom glanzvollen Leben des Fürstenhofes. Sie legte Schmuck und fürstliche Kleidung ab und begann, sich der persönlichen Fürsorge und Pflege der Armen und Kranken zu widmen. Als 1226 die Ernte ausblieb, öffnete sie die Kornspeicher der Wartburg und gab der hungernden Bevölkerung Anteil an den Nahrungsvorräten des Hofes.

Leitbild für Elisabeths Weg in die Hingabe zu den Armen und Kranken war sicher das Gleichnis vom Weltgericht (Matthäus 25,31–46): Am Ende der Zeit kommt der Menschensohn, um die Gerechten von den Ungerechten zu scheiden. Die Gerechten gehen ein ins ewige Leben, die Ungerechten erwartet ewige Strafe. Der Maßstab zur Scheidung ist die Art und Weise des Umgangs mit den Bedürftigen. Zu den Gerechten sagt Christus: »Denn ich bin hungrig gewesen und ihr habt mir zu essen gegeben. Ich bin durstig gewesen und ihr habt mir zu trinken gegeben. Ich bin ein Fremder gewesen und ihr habt mich aufgenommen. Ich bin nackt gewesen und ihr habt mich gekleidet. Ich bin krank gewesen und ihr habt mich besucht. Ich bin im Gefängnis gewesen und ihr seid zu mir gekommen« (Matthäus 25,35f). Die Gerechten allerdings wissen nicht, wovon der Weltenrichter spricht. Sie sind sich nicht bewusst, in ihrem Leben Christus begegnet zu sein. Christus muss es ihnen sagen: »Was ihr getan habt einem von diesen meinen geringsten Brüdern, das habt ihr mir getan« (Matthäus 25,40).

Nach den Zeugnissen richtete sich Elisabeths Aufmerksamkeit im Wesentlichen auf die im Matthäusevangelium genannten Werke der Barmherzigkeit, zu denen die christliche Tradition noch die Bestattung der Toten hinzugefügt hatte. So zeigen es auch die bildlichen Darstellungen und Skulpturen von Elisabeth. In den Hungernden und Kranken, in den Ärmsten der Armen offenbarte sich für Elisabeth – dem biblischen Zeugnis entsprechend – Christus selbst. Im Unterschied aber zu den Gerechten im Gleichnis vom Weltgericht suchte Elisabeth bewusst und mit Absicht hier Christus zu begegnen.

Nach dem Tod ihres Mannes, der 1227 auf dem Kreuzzug starb, brach Elisabeth konsequent alle Beziehungen ab, die sie daran hinderten, ihre umfassende Aufmerksamkeit den im Evangelium genannten Personengruppen zu widmen. Sie trennte sich – unverständlich für uns heute – mit ihrem Wechsel nach Marburg auch von ihren drei Kindern. Für ihre Zeit war dieses Verhalten nicht ganz ungewöhnlich. Eine Fürstin überließ die Erziehung der Kinder ohnehin anderen Personen. Man sollte also nicht den Maßstab einer heutigen Familie anlegen, in der die Beziehung zwischen Eltern und Kindern einen anderen Stellenwert besitzt. Gleichwohl darf die Frage erlaubt sein, warum für Elisabeth nicht auch die nächsten Angehörigen, ihre Familie, zu Christus werden konnten.

Nun ist es freilich nicht ganz auszumachen, ob Elisabeth sich auf eigene Entscheidung von ihren Kindern löste oder hierin einer Anordnung Konrads folgte. Die Schilderungen im *Libellus* lassen jedenfalls darauf schließen, dass sich Elisabeth mit der Trennung von ihren Kindern erneut selbst Gewalt antat.

Aber genau diese schmerzvolle Lösung von allen irdischen Gütern und Bindungen betrachtete sie als Voraussetzung für eine ernsthafte Nachfolge Christi. Elisabeth selbst wertete die Liebe zu ihren Kindern als übertrieben ab und bat Gott um Geringschätzung aller weltlichen Beziehungen und ihrer eigenen Person, um ihm allein zu gehören.[15] Vermutlich hat sie sich tatsächlich mit dem Leidensweg der Selbstverachtung identifiziert. Diese gewaltsame und leidvolle Loslösung von allem, was sie liebte und schätzte, ließ sie für ihre Zeitgenossen zur Heiligen werden.

In ihrer Zuwendung zu Armen und Kranken war Elisabeth nicht auf eigene Schonung bedacht. Sie aß wenig und gönnte sich kaum Schlaf. Sie hielt sich nicht an Konrads Weisung, auf ihre Gesundheit zu achten und sich vor ansteckenden Krankheiten zu schützen. Im Gegenteil: Menschen mit Aussatz erfuhren ihre besondere Zuwendung und Aufmerksamkeit. Auch wollte sie bewusst mit ihrem Vermögen nicht sorgsam umgehen und für sich behalten, was zu ihrem eigenen Unterhalt nötig gewesen wäre. Wäre Konrad nicht eingeschritten, hätte sie ihr ganzes Witwengut weggegeben.[16]

Zugleich war er es, der Elisabeth schonungslos demütigte und ihren Willen mit Geißelung und härtester Bußpraxis zu brechen suchte. Und Elisabeth? Sie unterzog sich den Strafen gehorsam und wünschte sogar, sie zu erleiden.

In der Züchtigung erlebte sie, wie überliefert wird, eine besondere Nähe zum geschlagenen Christus. »Um Christi willen aber ertrug sie alles in Geduld.«[17] Die *repraesentatio Christi* im Leiden und körperlichen Schmerz ist eine wesentliche Seite in Elisabeths Frömmigkeit. Ebenso zeigte sie ein ausgeprägtes Bedürfnis nach Buße. So paradox es klingt: Durch Erniedrigungen fühlte sie sich aufgerichtet. In den Schlägen trug sie körperlich spürbar die Schuld für ihr reiches Leben und ihren eigensinnigen Willen ab. Auf dem Weg in die Armut und Demütigung erfuhr sie ausgleichende Wiedergutmachung.

In seiner *Summa vitae* schreibt Konrad von ihr: »Die Elendesten und Verachtetesten setzte sie an ihren eigenen Tisch, und als ich sie deshalb tadelte, erwiderte sie mir, sie empfange von ihnen sonderliche Gnade und Demut, und als eine zweifellos sehr kluge Frau führte sie ihr früheres Leben vor mir herauf und sagte, sie müsse, was hinter ihr liege, durch das Entgegengesetzte auszugleichen und zu heilen suchen.«[18]

Elisabeth hat den Weg des Gehorsams, der Keuschheit und der Armut, zu dem Konrad sie anleitete, zielstrebig gesucht und darin Erfüllung gefunden. Sie wollte ein in Christus geheiligtes Leben führen, aber gewiss keine Heilige werden. Sie orientierte sich am asketischen Frömmigkeitsideal ihrer Zeit, vollzog dies aber in einer Radikalität und Kompromisslosigkeit, die ihresgleichen sucht.

Konrad seinerseits erkannte, dass sich die strenge Armut und Demut seiner prominenten Schutzbefohlenen sowie ihr caritativer Einsatz für die Armen strategisch im Kampf gegen die Ketzer einsetzen ließen. Elisabeth lebte das Armutsideal im Rahmen der Ordnungen der rechtgläubigen Christenheit.[19] Konrads strenge Maßnahmen dienten also dazu, auf Elisabeths Heiligung schon zu ihren Lebzeiten hinzuarbeiten. Ob Elisabeth gespürt hat, dass sie von Konrad instrumentalisiert worden ist?

2 / Elisabeth – überzeugend als Glaubende und Handelnde

Der 800. Geburtstag Elisabeths von Thüringen erfährt in der Öffentlichkeit eine erstaunliche Resonanz. Offensichtlich geht von ihrem Leben auch heute noch eine große

Faszination aus. Was zieht die Menschen an Elisabeth an? Was weckt das Interesse, sich eingehender mit ihr zu befassen? Woran liegt es, dass Elisabeth als Sympathieträgerin wahrgenommen wird?

Der folgende Versuch, einige Punkte ihrer Anziehungskraft zu benennen, bleibt fragmentarisch. Aber er zeigt, dass für Menschen heute andere Aspekte der Figur Elisabeth hervortreten und in der Moderne auch anders bewertet werden. Das bestätigt die eingangs formulierte These, wonach die Beschäftigung mit Elisabeth uns nicht den historischen Menschen nahe bringt, sondern eher dokumentiert, was wir in Elisabeth sehen und finden. Das Vorbild, das sie uns ist, bleibt eben ein Bild von ihr.

Elisabeth – mit den Armen lebend

Elisabeth besaß den Mut und die Freiheit, Macht und Ruhm fürstlicher Herrschaft abzulegen, ihren Besitz wegzugeben und sich den entrechteten, ausgegrenzten und benachteiligten Menschen zuzuwenden. Sie sah die Not, die vor Augen war, und machte sich ans Werk. Sie beließ es nicht beim Reden, sondern handelte – und zwar nicht von oben herab, in fürstlicher Generosität, sondern sie begab sich auf gleiche Ebene mit den bedürftigen Menschen: als Arme für die Armen.

Die Konsequenz ihres Handelns beeindruckt in einer Zeit, in der deutliche Kritik gegenüber politischen und wirtschaftlichen Funktionären vor allem in führenden Positionen geäußert wird. Sie erleben zur Zeit einen spürbaren Vertrauensverlust. Der Vorwurf lautet oft, sie könnten kein klares politisches Konzept vorlegen, um die Probleme des Landes zu lösen. Stattdessen seien sie in erster Linie auf Machterhalt bedacht.

Demgegenüber wird die spontane und unbekümmert praktizierte Nächstenliebe Elisabeths als hoffnungsvolles Gegenmodell entdeckt. Insbesondere Menschen, die nicht bloß solidarisch denken und handeln, sondern auch mit den Armen leben, haben das Herz der Menschen auf ihrer Seite. Sie gelten als »authentisch«. Im Vergleich zu den Zeitgenossen Elisabeths beeindruckt weniger das Armutsideal, das die Gleichförmigkeit mit Christus sucht, sondern die persönliche Zuwendung zu den Menschen.

Elisabeth – mehr als eine Almosengeberin

Skulpturen und Bilder zeigen Elisabeth oftmals in mütterlicher Geste: Sie beugt sich zu den Bedürftigen hinab, gibt ihnen zu essen und reicht ihnen den Becher. Diese Ikonografie gibt einen verkürzten Eindruck von dem wieder, was Elisabeth tatsächlich geleistet hat. Ihr Wirken beschränkte sich nicht darauf, mit einem Korb die Wartburg hinabzusteigen und die sich ihr entgegenstreckenden Hände mit Gaben zu füllen. Elisabeth zeichnet aus, dass sie mehr als Almosen verteilte. Wie schon erwähnt, öffnete sie, als in Thüringen eine Hungersnot wütete, die Kornkammern der Wartburg und ließ die Nahrungsvorräte unter das Volk bringen.

Hier wurde Hilfe in großem Rahmen organisiert. Zudem reichte Elisabeths Fürsorge über die erste Linderung der Not hinaus. Sie sorgte dafür, dass die Armen Werkzeuge an die Hand bekamen, damit sie ihren Lebensunterhalt selbst bestreiten könnten.[20] Dieses Vorgehen dokumentiert, dass Elisabeth nicht einfach nur spontan gegeben hat. Ihre Zuwendung war durchdacht. Die Hilfe für die Bedürftigen sollte langfristigen Erfolg zeigen. Es war eine nachhaltige Hilfe zur Selbsthilfe.

Auch die Pflege der Kranken beschränkte sich nicht allein auf persönliche Zuwendung und tröstenden Zuspruch. Elisabeth und ihr Mann errichteten Hospitäler: zunächst in Gotha, dann in Eisenach am Fuß der Wartburg – und das in einer Region, die zu dieser Zeit noch so gut wie keine Infrastruktur besaß. Zweifellos hatte Elisabeth die Neigung, ihre Besitztümer ohne Bedenken und Konzept einfach wegzugeben. Nach den Quellen war es Konrad, der dafür sorgte, dass wenigstens Elisabeths Witwengut einbehalten und in den Bau des Marburger Hospitals investiert wurde. Aber insgesamt ist erkennbar, dass hier durchaus die Nächstenliebe strukturell entwickelt und auf Dauer gestellt wurde.

Bei der heutigen Institutionalisierung diakonischer Hilfeleistungen, die durch bürokratische und ökonomische Zwänge auf dem Gesundheits- und Sozialsektor empfindlich eingeschränkt werden, drängt sich vermehrt die Frage nach dem christlichen Profil auf. Elisabeths Liebestätigkeit erinnert daran, dass sich uns in jedem Gegenüber das Antlitz Christi zeigt.

Elisabeth hatte bereits ein Bewusstsein für gesellschaftliche Bedingungen von Armut. Sie prüfte genau, ob die Lebensmittel für die fürstliche Tafel rechtmäßig erworben waren. War der Zins von den Bauern erpresst worden, verweigerte sie das Essen. Ihre Dienerinnen hielt sie in diesem Fall ebenfalls zum Verzicht an. Damit verstieß sie empfindlich gegen das Standesbewusstsein. Man kann davon ausgehen, dass Elisabeth die feudalen Lebensbedingungen grundsätzlich nicht infrage gestellt hat. Aber ein Rechtsbewusstsein für die Situation der Leibeigenen darf man ihr zuerkennen. Initiativen zum fairen Handel sehen deshalb im Verhalten Elisabeths heute ein Vorbild und berufen sich auf sie.

Elisabeth – Vorbild für ein sinnerfülltes Leben

Elisabeth war eine Frau – und zwar eine gegenüber den Vorgaben und Gepflogenheiten ihrer Zeit unkonventionelle, eigensinnige, selbstbewusste und widerständige Frau. Kompromisslos folgte sie ihrer Überzeugung und ließ sich in ihrem Tatendrang weder durch höfische Etikette noch durch das Unverständnis ihrer Umgebung beeindrucken oder abhalten.

Sie ist daher eine Identifikationsfigur vor allem für Frauen, die sich von Elisabeths Eigensinn bestärkt und ermutigt fühlen, bei der Suche nach ihrem Lebensinhalt sich nicht von außen bestimmen zu lassen, sondern gegen Widerstände ihre eigenen Ziele zu verfolgen.

Elisabeth war auch eine der wenigen Frauen im Mittelalter, die die Ehe als beglückende, liebevolle und ebenbürtige Verbindung erfuhr. An der Tafel nahm sie den Platz neben ihrem Mann ein – eine für ihre Zeit ungewöhnliche Sitzordnung. Während Ludwigs Abwesenheit führte sie die Regierungsgeschäfte. Ebenso ungewöhnlich für die Zeit war, dass ihr Mann sie nicht nur gewähren ließ, sondern sie in ihrer Lebensweise unterstützte. Angesichts zerbrechender Ehen und einer wachsenden Zahl von allein lebenden Menschen rührt die Verbindung zwischen Elisabeth und Ludwig an die tiefe Sehnsucht nach liebevoller, erotischer und beglückender Beziehung, in der Mann und Frau einander Raum geben und sich Respekt zollen.

Elisabeth – und die Kraft des Glaubens

Elisabeth handelte aus ihrem Glauben heraus, aus einer innig empfundenen Christusbeziehung, die sie anspornte, selbstlos und umfassend für die Armen da zu sein. Diese Haltung hätte ihr bis vor kurzem wahrscheinlich wenig zur

Ehre und Bewunderung gereicht. Aber offensichtlich schreitet die Säkularisierung nicht unbegrenzt fort. Auch erweist sich eine auf den eigenen Vorteil bedachte Haltung, die lange Zeit en vogue war und geradezu schamlos verfolgt wurde, als wenig befriedigend. Sie verliert inzwischen an gesellschaftlicher Akzeptanz.

Man versteht wieder, dass Elisabeths unermüdlicher Einsatz für die Armen nicht auf einen humanitär motivierten Solidaritätsakt verkürzt werden kann. Die Bereitschaft der reichen Fürstin, sich dem Gestank und Dreck der Armut auszusetzen und den Ekel zu überwinden, kommt aus der Kraft des Glaubens. Nach dem darin schlummernden Potential sucht eine sinnentleerte und entmutigte Gesellschaft. Sie schaut nach Personen aus, die es »geschafft« haben, sich gerade nicht nach oben, sondern nach unten zu bewegen; die den Traum einer gerechteren Welt nicht nur zu träumen, sondern auf ihre Art zu leben suchen – unerschütterlich aus tiefer Glaubensüberzeugung heraus. Elisabeths Liebe zu den Menschen, die niemand liebt, ist mehr als ein Leitbild, das zu moralisch guten Taten ermuntern mag. Die Erinnerung an ihr Handeln bewahrt in sich den Wunsch nach einer menschenwürdigen Welt.

3 / Hingabe

Seit einiger Zeit glaube ich ein eigentümliches Phänomen beobachten zu können. Man wagt wieder, in aller Vorsicht natürlich, vom Dienen als einem sinnstiftenden Verhalten zu reden.

Die positive Bewertung des Dienens mag zunächst anstößig wirken. Zu lange wurde die Tugend des Dienens als

Machtinstrument missbraucht, um Herrschaftsstrukturen aufrechtzuerhalten. Es ist unzweifelhaft ein großes Verdienst der unterschiedlichen Befreiungsbewegungen, ins Bewusstsein gerufen zu haben, dass gerade von den Machtlosen und Unterdrückten das Dienen als selbstverständliche Tugend gefordert und ihnen das Recht auf Selbstbestimmung verwehrt wurde. Der Gedanke, sich in den Dienst für andere zu stellen, konnte auf diesem Hintergrund nur kritisch gesehen und entsprechend »hinterfragt« werden.

Es stimmt ja: Dienen kann ausgenutzt werden. Die institutionelle Diakonie der Kirche hat deshalb inzwischen eine Sensibilität dafür entwickelt, dass der christlich motivierte Dienst an den Nächsten nicht zu einer schonungslosen Aufopferung der Mitarbeitenden führen darf. Insofern kann Elisabeth in ihrer verschwenderischen Hingabe keine Legitimation dafür bilden, von ihnen einen zeitlich unbegrenzten Einsatz zu fordern. Die gegenwärtigen Leitbilddiskussionen berücksichtigen vielmehr den sorgsamen Umgang der Mitarbeitenden mit sich selbst und seitens des Arbeitgebers. Im Zuge der Professionalisierung wird das eigene Hilfeverhalten reflektiert und auf seine Angemessenheit hin überprüft. Nicht nur im Hinblick auf die zur Verfügung stehenden Mittel, sondern auch auf die zur Verfügung stehenden Kräfte geht es bei der Hilfeleistung um eine realistische Einschätzung der eigenen Grenzen und Möglichkeiten.

Und noch von einer anderen Seite her geriet das Dienen unter den Verdacht des Anachronismus: Gesamtgesellschaftlich gesehen trat insbesondere seit den neunziger Jahren die soziale Einstellung zugunsten einer rigiden Durchsetzung persönlicher Ziele in den Hintergrund. Wo der eigene Vorteil zum Maß aller Dinge wurde, schien eine »Kultur des Dienens« vollkommen fehl am Platz.

Umso erstaunlicher ist, dass die Wertschätzung des Dienens wieder zunimmt. Ein Leben in Hingabe ist keineswegs mehr ein Lebenskonzept, das von vornherein als Ausbeutung kritisiert oder als realitätsferner Idealismus belächelt wird. Ging man noch vor einigen Jahren davon aus, dass die eigentliche Triebkraft des Menschen die Verwirklichung eigener Wünsche sei, so ist heute die Rede davon, der Mensch sei eher altruistisch strukturiert und erfahre heilsames Ganzsein nur im Dasein auch für andere. Man beginnt zu begreifen, dass eine Gesellschaft, in der alle nur auf sich bedacht sind, nicht zukunftsfähig ist. Bürgerschaftliches Engagement ist wieder gefragt.

Elisabeths 800. Geburtstag fällt in eine geistige Situation, die weithin von Verunsicherung und Orientierungslosigkeit geprägt ist. Da tritt sie als Vertreterin eines überzeugend gelebten Christentums mit ihrer ebenso kompromisslosen wie selbstlosen Hingabe in unser Blickfeld. Nicht zu Unrecht bemerkt der Marburger Kulturamtsleiter Richard Laufner, die Feierlichkeiten im Elisabethjahr 2007 seien im Vergleich zur 700-Jahrfeier der Einweihung der Elisabethkirche 1989 sehr viel weniger akademisch geprägt. Heutzutage sei Elisabeths »soziales Engagement für die Menschen aktueller. Sie wird als Projektionsfläche für Soziales stärker gebraucht als vor 20 Jahren«.[21] Offensichtlich weckt Elisabeths Hingabe in uns Menschen die Sehnsucht, dass soziale Gerechtigkeit und Solidarität mit den Armen nicht nur ein schöner Traum sind, sondern real gelebt werden können.

Was aber ist die Voraussetzung dafür, dass ein Leben in Hingabe nicht zur rücksichtslosen Selbstausbeutung führt, die die eigenen Kräfte völlig verzehrt? In dieser Hinsicht ist Elisabeth, wie schon angedeutet, als Vorbild problematisch. Sie legte es ja geradezu darauf an, sich in ihren leiblichen Bedürfnissen zu beschneiden. Es ist davon auszugehen, dass umfassende Erschöpfung und Auszehrung Ursache für ihren frühen Tod waren.

Beinahe fassungslos stehen wir vor dem, was Elisabeth in ihrem kurzen Leben geleistet und getragen hat. Sie kannte offensichtlich nicht die Furcht, ihr Vermögen und sich selbst zu verschenken. Ihr Einsatz für die Menschen war getragen von fröhlicher Gelassenheit und Liebenswürdigkeit. Unrecht, Spott und Bosheit konnten ihre Liebestätigkeit nicht trüben und sie in ihrer freundlichen Zuneigung zu den Menschen beirren. Ihr Wirken trägt nicht die geringste Spur von Missmut und Resignation, wie es oft bei Menschen zu beobachten ist, die sich für andere bis an die Grenzen der eigenen Belastbarkeit einsetzen.

Mag sein, dass das Bild von Elisabeth in den Heiligenviten ideale Züge trägt. Aber es ist anzunehmen, dass ihr fröhliches Temperament, ihre fast »naive« Maßlosigkeit und ihre eigensinnige Bestimmtheit, mit der sie gegenüber ihren Mitmenschen auftrat und ihr Tun verfolgte, tatsächlich etwas mit der wirklichen Elisabeth zu tun haben.

Das Geheimnis ihres unermüdlichen Wirkens gründet wohl in einer tief empfundenen Liebe zu Christus. Das war ihre innere Kraftquelle, ihre Triebkraft, die sie dazu drängte, sich in Liebe für andere zu verströmen.

Darauf hat sie sich beständig besonnen. So wird berichtet, dass Elisabeth regelmäßig ihre Arbeit unterbrach und sich in die Kapelle zum Gebet zurückzog. Manchmal versank sie stundenlang in Kontemplation. »In dem göttlichen Licht fand sie Trost und Stärke, und sie erkannte, welche

Vollkommenheit von ihm ausstrahlte. Denn von daher fließt der menschlichen Schwachheit die Kraft zu, durch die sie in Weisheit, Stärke, Zucht und Gerechtigkeit leben kann.« Hier empfing Elisabeth die »Kraft Gottes, die selig macht« (Römer 1,16). Sie hatte die Begabung, sich dieser Kraft, die die religiöse Metaphorik als Licht, als hellen Schein beschreibt, zu öffnen und sie »schauen« zu können. Obwohl die Berührung mit dem Heiligen den Menschen erschauern lässt, überließ sie sich unbefangen und vertrauensvoll dem Feuer der göttlichen Liebe. Daraus schöpfte sie ihre Stärke, daraus nährte sich ihr Charisma, die Aura ihrer Liebenswürdigkeit. Was sie empfing, strahlte sie aus und gab es weiter. »Wenn sie ihre Kontemplation beendet hatte und aus ihrem Gemach trat, konnte man sehen, wie ihr Gesicht in einem hellen Licht erstrahlte und ihre Augen gleich der Sonne glänzten.«[23]

Für Elisabeth personifizierte sich das Feuer der göttlichen Liebe in Christus. Anders als bei Franz von Assisi, der die absolute Identität mit Christus zu erlangen suchte[24], gestaltete sich für Elisabeth, sicher auch geschlechtstypisch, die *repraesentatio Christi* im Objekt ihrer Fürsorge. Elisabeth wollte Christus nicht gleichförmig werden, sondern suchte die innige Beziehung zu ihm: in der Anbetung und in der Zuwendung zu den Schwachen, in denen ihr Christus begegnete.

Es wird bezeugt, Elisabeth habe während ihrer Kontemplation Christusvisionen gehabt. Sie hat diese bewusst verschwiegen. Nur einmal teilte sie ihrer engsten Vertrauten Isentrut mit, was sie geschaut hatte: »Ich sah den Himmel geöffnet. Mein geliebter Herr Jesus neigte sich zu mir und schenkte mir Trost für mancherlei Ängste und Nöte, die mich heimsuchen. Wenn ich ihn dann anschaute, erfasste mich Freude, und ich lachte. Wenn er sich jedoch von mir abwandte, als ob er von mir fortgehen wollte, weinte ich. Da erbarmte er sich meiner, wandte mir sein strahlendes Antlitz zu und sprach: Wenn du bei mir sein willst, so will ich bei dir sein. Da erwiderte ich: Ja Herr, du willst bei mir sein, und ich will gern bei dir sein und werde niemals von dir lassen.«[25]

Wer solch eine Vision erfährt, hütet sie wie einen Schatz und spürt genau, dass leichtfertiges Herumerzählen zu Eitelkeit und Hochmut verführt, die die Tiefe und Innigkeit des Erlebten verraten und damit zerstören. Elisabeths Freude und Fröhlichkeit lebten aus der Bindung an Christus, aus diesem »Verliebtsein« in ihn. Sie war eine noch junge, ja jugendliche Frau, die ihre Empfindungen übermütig und begeistert auslebte. Im Fortgehen und Wiederkehren Christi erlebte sie abwechselnd »Liebeskummer« und die euphorische Freude, seine Geliebte zu sein: Schließlich erbarmt sich Christus ihrer und ist bei ihr. In stürmischem Bekenntnis ruft sie aus, dass auch sie bei ihm bleiben und niemals mehr von ihm getrennt sein will.

Angesichts dieses Eros für Christus wird ihr innerer Konflikt zwischen ihrem himmlischen und irdischen Bräutigam nachvollziehbar. Sie liebt, in aller Vorsicht ausgedrückt, zwei Männer! Beiden will sie in ihrer jugendlichen Radikalität ganz und gar gehören.

Die Legende vom Aussätzigen im Ehebett spielt auf diesen inneren Konflikt an: Während der Abwesenheit ihres Ehemannes nahm Elisabeth einen Aussätzigen auf, pflegte ihn und legte ihn ins Ehebett an die Stelle, wo ihr Mann sonst lag. Entsetzt meldete das Dienstpersonal dem Ehemann die anstößige Handlung – die nicht nur dem Dienstpersonal, sondern den Lesern und Hörerinnen dieser Legende ebenso zuwider und schauerlich gewesen sein wird. Als der Ehemann ins Schlafgemach trat, wurde die Decke zurück geschlagen – und auf dem Bett lag der Crucifixus.

Elisabeths Liebe zu Christus war kompromisslos. Das mag gerade Menschen, die in ehelichen und familiären Bindungen leben, befremden. Aber es ist diese ungebrochene, euphorische Bindung zu Christus, die Elisabeth zur fröhlichen Hingabe befähigte. Jede sorgende Tat war ein Wiedersehen mit dem Geliebten. Jedes Verschenken und Hingeben ließ sie in seine Spuren treten.

Elisabeths Leben für die Armen ist die Oberfläche, ist das, was uns sichtbar erscheint. Wir erfassen jedoch ihre Person nicht, wenn wir nur diese in den Blick nehmen und ihr Handeln als rein humanitären Akt begreifen. Es war die unbändige Liebe zu Christus, die sie zu einem Leben in Hingabe bewegte.

Täuscht der Eindruck, dass die christliche Motivation dieses Lebensweges wieder besser verstanden wird, dass eine größere Aufgeschlossenheit dafür besteht? In ihrer spirituellen Sehnsucht nach einem erfüllenden Leben schauen Menschen nach Personen aus, die in ihrem Leben geistlichen Reichtum und weltliches Handeln überzeugend in eins bringen. Ein solches Vorbild wird in Elisabeth von Thüringen entdeckt. Hier ist eine Frau, die sich unbekümmert verschenken kann und daraus Erfüllung erfährt. Ihre Hingabe wird nicht mehr als Selbstaufgabe verpönt, sondern in ihrer Selbstbestimmung als exemplarisch geschätzt und geliebt. An ihr zeigt sich die Möglichkeit, Hingabe fröhlich und heiter aus einer tiefen Liebesbeziehung zu Christus zu leben. Dieses ungebrochene Vertrauen ist einer Gesellschaft, die von der Angst gelähmt wird, ihren Besitz zu verlieren, gerade eine glaubhafte Ermutigung zur Freiheit!

An Elisabeth wird deutlich, dass Spiritualität dann überzeugend gelebt wird, wenn sie sich der Wirklichkeit stellt und sich in konkretes Handeln umsetzt. Spiritualität, die sich in angenehme Räume separiert und auf sich selbst und auf das eigene Wohlbefinden bezogen bleibt, verkommt zur Wellness. Wiederum: Ein soziales Engagement, das nicht bewegt wird von der inneren Kraftquelle der Liebe, verhärtet und radikalisiert sich oder führt in Resignation. In Elisabeth stimmen Kontemplation und selbstloser Einsatz überein. Dadurch wird ihre Hingabe beispielhaft.

4 / **Elisabeth – die Heilige**

Für beide christlichen Kirchen des Abendlands ist Elisabeth bedeutend. Die römisch-katholische Kirche verehrt sie als Heilige, die evangelische Kirche ehrt sie als Glaubensvorbild. So wäre der konfessionelle Unterschied im Umgang mit den Heiligen dogmatisch korrekt abgesteckt. Tatsächlich finden aber auf evangelischer wie römisch-katholischer Seite Bewegungen statt, die – bei aller Differenz – auch zu Annäherungen führen.

Die reformatorischen Grundsätze *solus Christus* (Christus allein) und *sola fide* ([gerecht] aus dem Glauben allein) konnten im 16. Jahrhundert nicht ohne Auswirkung auf die Praxis der Heiligenverehrung bleiben. In der reformierten Kirche wurden die Heiligentage ganz abgeschafft. Der Heiligenverehrung war der Boden entzogen. Luthers Haltung gegenüber den Heiligen blieb moderater. Er wandte sich entschieden gegen die Praxis einer Anrufung, die im Spätmittelalter ausufernde Dimensionen angenommen hatte. Hingegen schätzte Luther die Heiligen als Trost und

Ermutigung für die Glaubenden. Er betrachtete die Geschichten der Heiligen als wichtige Ergänzung zur Lektüre der Heiligen Schrift, weil sie das, was in der Schrift steht, durch ihr Leben vorbildlich zur Anschauung brächten.[26]

Das Elisabethjahr zeigt, wie sehr auch evangelische Christinnen und Christen ein wachsendes Interesse an großen Gestalten der Christentumsgeschichte haben, ihr Gedächtnis pflegen und deren Jubiläen und Festtage feiern. In einer Zeit, in der das Leben kaum noch durch Tradition und Beispiel früherer Generation vorgegeben wird, suchen Menschen Orientierung in Personen, die sie persönlich beeindrucken und überzeugen. Richtungweisend ist weniger der gelehrte Glaube, der eher als einengend gilt, als der (vor)gelebte Glaube. Und das zeichnet »Heilige« aus: Sie stehen mit ihren Taten, ja unter Einsatz ihres eigenen Lebens, für den Glauben ein. Ebenso werden sie geliebt und geehrt, weil sie abseits der vorgegebenen Norm ihren eigenen Weg gegangen sind. Viele zu Heiligen Erklärte waren gerade keine Amtsträger. Mit der Unangepasstheit und der Individualität dieser Menschen mögen sich Menschen heute mehr identifizieren als mit einer Institution.

So fällt auf, dass gegenwärtig im evangelischen Bereich bei Elisabeth besonders ihre eigensinnigen Züge herausgestellt werden. Nicht die gehorsame Elisabeth, die sich Konrad unterworfen hat, steht im Vordergrund, sondern die willensstarke Elisabeth, die sich der Etikette des Adels verweigerte und deren Stärke trotz harter und erniedrigender Bußpraxis durch Konrad eben nicht gebrochen werden konnte.

Heilige können auch für den evangelischen Glauben mehr sein als reine Vorbilder. Denn es geht gar nicht so sehr um die Nachahmung eines vorbildlichen Lebens. Heilige lassen sich nicht kopieren. Im Gegenteil: Gerade vor einem

Leben, wie Elisabeth es geführt hat, können wir nur die Flügel strecken. Nicht der verklärende Blick auf das unerreichbare Lebenswerk der Heiligen, sondern die persönliche Auseinandersetzung mit ihnen führt uns weiter. Bei aller Verehrung dürfen Heilige, auch gerade Elisabeth, in ihrer befremdlichen, ja auch problematischen Seite wahrgenommen werden. Damit soll das außerordentliche Wirken dieser Menschen nicht geschmälert werden, aber sie werden in ihrer Menschlichkeit vor Gott wahrgenommen.

Was macht nun Elisabeth von Thüringen zu einer »Heiligen« auch für evangelische Christen?

Hierzu gibt der 21. Artikel des Augsburger Bekenntnisses von 1530 einen bedenkenswerten Hinweis. »Vom Dienst der Heiligen« handelt er. Da heißt es: »Vom Heiligendienst wird von den Unseren also gelehrt, dass man der Heiligen gedenken soll, auf dass wir unsern Glauben stärken, wenn wir sehen, wie ihnen Gnade widerfahren, auch wie ihnen durch Glauben geholfen worden ist; dazu, dass man Exempel nehme von ihren guten Werken, ein jeder nach seinem Beruf [...].«

Auf der Grundlage der Rechtfertigungslehre zeichnen sich »Heilige« für den Protestantismus vorrangig darin aus, dass sie für die »ihnen widerfahrene Gnade« besonders empfänglich waren. Aus einem unerschütterlichen Vertrauen in die bedingungslose Liebe und Zuneigung Gottes vor allem persönlichen Können und Vermögen schöpften sie die Kraft für außergewöhnliche Taten und gewannen sie die Freiheit, ihr Leben zu riskieren.

Elisabeth lebte und handelte in der Gewissheit, dass Christus ihr nahe sei und ihr seine Gnade erweise. Ihr Abschied von einem Leben in Glanz und Reichtum ist zu verstehen als eine Antwort auf das Liebesbekenntnis Christi zu

ihr. Sie erkannte für sich, dass sie nur dann bei Christus sein kann, wenn sie selbst arm würde und mit den Armen lebte. Sie hatte Ohren, die Stimme der Liebe zu hören, und ein Herz, ihr zu folgen. Dieses ungebrochene Vertrauen zu Christus macht Elisabeth in meinen Augen zur »Heiligen«. Ihr Zeugnis ist ein Zeugnis, das allein auf Christus verweist.[27] Damit geht Elisabeth über sich selbst hinaus und gibt nicht nur dem individuellen Glauben, sondern der christlichen Gemeinschaft ein Exempel. Da ist es nur folgerichtig, dass auch die Evangelische Kirche ihr Gedächtnis bewahrt und ihr Gedenken im Gottesdienst feiert.[28] Ihr Lebenszeugnis kann uns »hellhörig« machen, zu welchen Schritten uns die Kraft des Glaubens bewegen kann.

Gleichwohl werden manche Evangelische die »Allgegenwart« der Elisabeth zu ihrem Jubiläum eher als inflationär und als zudringlichen Rummel empfinden. Die bewundernde Begeisterung, die Elisabeth erfährt, war gewiss nicht in ihrem Sinn. Sie mochte es überhaupt nicht, wenn man ihr eine besondere Hochachtung entgegenbrachte: »Sie wollte sich von den Dienerinnen auch nicht als ›Herrin‹ anreden lassen, obgleich diese ganz arm und nicht von Adel waren, und nicht mit ›Ihr‹ sondern mit ›du, Elisabeth‹. Sie ließ die Dienerinnen an ihrer Seite sitzen und aus ihrer Schüssel essen.«[29]

Wir werden dem Gedenken an Elisabeth nicht gerecht, wenn wir ergriffen und bewundernd vor ihrer Glaubensstärke und ihrem Lebenswerk verharren. Die Verantwortung für unser eigenes Leben kann uns die »Heilige« nicht abnehmen. Wir haben selbst Rechenschaft abzulegen – vor uns selbst und vor Gott. Ihr Vorbild soll uns nicht klein machen, sondern inspirieren und zu eigenen Taten ermuntern.

Elisabeth lebt uns vor, dass wir unbefangen, ohne Gewissensnöte und Zweifel, die Nähe zu Christus suchen dürfen; dass wir, getragen vom Vertrauen, dem folgen, wozu wir uns gerufen wissen, und diesen Weg auch im Konflikt und Widerstand riskieren, und dass wir Christus finden, wenn wir dafür einstehen, dass Menschen zu Kräften kommen, ihre Würde zurückerhalten und wieder lachen können: »Ich habe euch immer gesagt, wir müssen die Menschen fröhlich machen.« Das ist wohl das einzige Zeugnis, das uns im originalen Wortlaut von Elisabeth vorliegt. Was braucht es mehr? Darin ist die wesentliche Botschaft ihres Lebens zusammengefasst. Und darin liegt auch unsere eigene Bestimmung: in der Liebe zu Christus unsere Nächsten zu lieben und so unsere menschliche Würde zu finden – als Gerechtfertigte und Geheiligte vor Gott.

1 *Summa vitae* des Konrad von Marburg wird zitiert nach: Walter Nigg (Hg.), Elisabeth von Thüringen, Düsseldorf 1963, 61–67.

2 *Libellus de dictis quatuor ancillarum s. Elisabeth confectus*, zitiert nach: Walter Nigg [Anm. 1], 67–109.

3 Johannes Schilling, Elisabeth von Thüringen – eine Mystikerin?, in: Ders. (Hg.), Mystik. Religion der Zukunft – Zukunft der Religion?, Leipzig 2003, 9–25, hier 19.

4 Leben und Legende der heiligen Elisabeth, nach Dietrich von Apolda, übersetzt von Rainer Kößling, Frankfurt am Main–Leipzig 1997 (Nachdruck 2002).

5 Vgl. Josef Leinweber, Das kirchliche Heiligsprechungsverfahren bis zum Jahre 1234. Der Kanonisationsprozeß der hl. Elisabeth von Thüringen, in: Sankt Elisabeth. Fürstin – Dienerin – Heilige: Aufsätze, Dokumentationen, Katalog, hg. von der Philipps-Universität Marburg in Verbindung mit dem Hessischen Landesamt für geschichtliche Landeskunde, Sigmaringen 1981, 135.

6 Vgl. Karl Hausberger, Art. »Heilige/Heiligenverehrung, III. Anfänge der christlichen Heiligenverehrung, IV. Abendländisches Mittelalter; V. Die römisch-katholische Kirche«, in: Theologische Realenzyklopädie 14 (1985), 646–660, hier 650.

7 *Libellus* [Anm. 2], 70.

8 *Libellus* [Anm. 2], 76.

9 So beschrieben in der Vita des Jakob von Vitry über die Begine Maria von Oignies in Flandern. Jakob kommentiert das Verhalten der Eheleute als »einer um so größeren Krone würdig, als sie, im Feuer liegend, doch nicht brannten« (zitiert nach Martin Ohst, Elisabeth von Thüringen in ihrem kirchengeschichtlichen Kontext, in: Zeitschrift für Theologie und Kirche 91 (1994), 424–444, hier 434).

10 Zitiert nach Dietrich von Apolda [Anm. 4], 22. Konrad hatte für Elisabeth zwölf Regeln zur Vervollkommnung ihrer Lebensführung aufgestellt.

11 Vgl. *Libellus* [Anm. 2], 77.

12 Reinhold Schneider, Elisabeth von Thüringen, Frankfurt am Main–Leipzig 1997, 34.

13 Vgl. das Wort Jesu über den Ernst der Nachfolge, die selbst die Aufgabe von familiären Verpflichtungen und Bindungen verlangt (Lukas 9,57–62).

14 Vgl. *Libellus* [Anm. 2], 74.

15 Vgl. *Libellus* [Anm. 2], 89f.

16 Vgl. *Libellus* [Anm. 2], 91.

17 Dietrich von Apolda [Anm. 4], 78.

18 *Summa vitae* [Anm. 1], 63.

19 Vgl. Ohst [Anm. 9], 442f.

20 Vgl. *Libellus* [Anm. 2], 81.

21 Caren Langer, Erinnerung an die »Mutter Hessens«. Marburg feiert den 800. Geburtstag der Heiligen Elisabeth, in: Frankfurt Allgemeine Zeitung (Rhein-Main-Zeitung) vom 17. Januar 2007.

22 Dietrich von Apolda [Anm. 4], 85; vgl. schon 2 Korinther 4,6f.

23 Ebd.

24 Als leiblichen Ausdruck seines Strebens nach Gleichförmigkeit mit Christus erfuhr Franz die Stigmatisierung seines Körpers mit den Wundmalen Christi.

25 Dietrich von Apolda [Anm. 4], 58.

26 Vgl. die Vorrede Martin Luthers zu Lazarus Spengler, Bekenntnis (1535): »Und nehest der heiligen schrifft ist ja kein nutzlicher buch fur die Christenheit denn der lieben heiligen Legenden, sonderlich welche rein und rechtschaffen sind, Als darinn man gar lieblich findet, wie sie Gottes wort von hertzen gegleubt und mit dem munde bekand, mit der that gepreiset und mit yhrem leiden und sterben geehret und bestettigt haben. Solchs alles aus der massen trostet und sterckt die schwach gleubigen, und noch viel mutiger und trotziger macht, die zuvor starck sind. Denn wo man allein die schrifft on exempel und historien der heiligen leret, ob wol jnnwendig der geist das seine reichlich thut, so hilffts doch trefflich seer, wo man von auswendig auch die exempel der andern sihet odder horet. Sonst denckt ymer ein schwach hertz also: Sihe, du bist alleine, der also gleubet und solchs bekennt, thut und leidet etc. Darumb auch Gott selbs jnn der heiligen schrifft neben der lere beschreibet der lieben patriarchen und Propheten leben, glauben, bekentnis und leyden, Und S. Petrus die Christen auch mit aller heiligen exempel trostet und spricht: Wisset, dass derselb leiden allen ewrn brudern jnn der welt widerferet, Und der Psalter aller Christen, so betruebt sind jm geist, ein trostlich exempel ist« (WA 38,313,10-314,6).

27 Vgl. Reiner Marquard, Heilige als Helfende zur Güte des Lebens – Die Legenda Aurea als sozialethisches Lesebuch, in: Evangelische Hochschulperspektiven der Evangelischen Fachhochschulen in Darmstadt, Freiburg, Ludwigshafen, Reutlingen-Ludwigsburg, 1/2005, 21–28, hier 23.

28 Der Gedenktag an Elisabeth von Thüringen zum Tag ihrer Bestattung am 19. November ist in die Agende der Evangelischen Kirche von Kurhessen-Waldeck aufgenommen; vgl. Agende I. Die Gottesdienste an Sonn- und Feiertagen, hg. vom Landeskirchenamt der Evangelischen Kirche von Kurhessen-Waldeck, Kassel 1996. Nr. 770ff.

29 *Libellus* [Anm. 2], 103.

Erinnerung ist Gegenwart

Mit der heiligen Elisabeth von Thüringen Mauern durchbrechen

HEINZ JOSEF ALGERMISSEN

IM GEGENSATZ ZU MARBURG und anderen Orten kann Fulda sich nicht damit rühmen, dass Elisabeth sich jemals hier aufgehalten hätte. Ob die frommen Mönche des Fuldaer Klosters schon 1219 von der Existenz dieser jungen, außerordentlich großzügigen, aber auch – zumindest aus der Sicht ihrer höfischen Umgebung – zur Übertreibung neigenden ungarischen Königstochter am thüringischen Hof wussten, dürfte sehr unwahrscheinlich sein. Dennoch besteht schon im frühen 13. Jahrhundert – zumindest aus der historischen Retrospektive – eine mittelbare Erinnerungslinie von Fulda zu Elisabeth. 1219 wurde nämlich auf Vermittlung der Äbte von Fulda und Hersfeld zwischen Elisabeths späteren Gemahl Ludwig IV. und dem Mainzer Erzbischof Siegfried II. von Eppstein der so genannte »Fuldaer Vertrag« geschlossen. Mit diesem Vertrag, der in der Grabeskirche des heiligen Bonifatius ratifiziert worden war, wurden nicht nur die kriegerischen Territorialstreitigkeiten zwischen Thüringen und Mainz vorläufig beendet, die beiden Gegner söhnten sich hier auch endgültig aus. Mehr noch: Erzbischof Siegfried löste Landgraf Ludwig und mit ihm seine Anhänger sowie dessen toten Vater Hermann I. vom Kirchenbann.[1]

Es ist kaum anzunehmen, dass dieses wichtige Vertragsergebnis nicht Stoff für viele Tagesgespräche am Thüringer Fürstenhof geliefert hat. Es ist auch nicht auszuschließen, dass Elisabeth von ihrem Verlobten Ludwig ausführlich über die erfolgreichen Verhandlungen und den Ort, an dem sie stattgefunden haben, informiert worden ist.

Ich denke, weder die Fuldaer Mönche noch die Adeligen des Thüringer Landgrafenhofes hätten sich träumen lassen, dass etwa 600 Jahre später große Teile des Thüringer Territoriums zum Bistum Fulda gehören würden. Und völlig absurd wäre ihnen der Gedanke gewesen, dass die spätere Thüringer Landgräfin Elisabeth eine Heilige werden könnte oder dass von den seit dem 13. Jahrhundert in den deutschen Bistümern errichteten Kapellen und Kirchen 182 ihren Namen tragen sollten, deren überwiegende Mehrzahl sich im Bereich der Diözese Fulda befindet. Nicht nur dies! Seit 1976 ist Elisabeth von Thüringen, neben Bonifatius, zur zweiten Bistumspatronin erhoben worden.[2] Es bedurfte seitens des damaligen Diözesanbischofs Eduard Schick (1974–1982) einiger Anstrengungen, um die anfänglich erheblichen Widerstände der zuständigen päpstlichen Behörden zu überwinden. Bischof Schick hatte erkannt, dass die Heilige nicht nur aus geschichtlicher Sicht für die von Fulda weiter entfernten Teile der Diözese wie Erfurt, Eisenach – diese befanden sich damals in der DDR – Marburg, Kassel, Fritzlar eine größere Bedeutung hat als der frühere Zweitpatron, der heilige Sturmius.[3] Mit diesem Schritt hat Bischof Schick nicht nur die große Bedeutung der heiligen Elisabeth für das Bistum Fulda unterstrichen, er vertraute auch auf deren Fürsprache bei Gott, um die Gläubigen des durch die DDR-Staatsgrenze zertrennten Bistums zu schützen.

1 / Elisabeth – eine Heilige und Fürsprecherin bei Gott

Zu den zahlreichen großen Frauen, die das Mittelalter hervorgebracht hat, zählt auch und vor allem die heilige Elisabeth von Thüringen, eine der faszinierendsten Frauengestalten aller Zeiten. Bis zum heutigen Tag wird sie in Deutschland und Ungarn verehrt. Ihre Verehrung hat selbst die schmerzliche Konfessionstrennung zu Beginn der Neuzeit überdauert, wie die Jubiläumsfeierlichkeiten zu ihrem 800. Geburtstag deutlich zeigen. Entsprechend würdigen auch evangelische Christen – orientiert an der *Confessio Augustana* (1530) – Elisabeth von Thüringen als ein »Exempel des Glaubens«.

Elisabeth ist eine Heilige. Doch die Heiligkeit ist ihr nicht in den Schoß gefallen. Man kann an ihr beobachten, dass sie unduldsam war, bereit, bestimmte Anordnungen – auch solche, die ihr Konrad von Marburg auferlegt hatte – zu unterlaufen. Sie war keine ausgeglichene Persönlichkeit. So stieß ihre strenge Askese, die sie auch von den Menschen ihrer Umgebung verlangte, auf erhebliches Unverständnis. Und noch heute ist nicht leicht nachzuvollziehen, dass Elisabeth ihre drei Kinder in fremde Obhut gab, um ganz frei zu sein für ihren Dienst an den Armen und Gestrauchelten. Bei aller fraulichen Wärme war Elisabeth auch energisch und unsentimental. Zuweilen wirkte sie herb, ja sogar hart. Solche Eigenschaften zeigen, dass Heilige nicht einfach Idealmenschen sind, sondern Menschen, die sich trotz ihrer Mängel Gott ganz hingegeben haben. »Sie schaute gleichsam mit den Augen Gottes auf die ihr anvertrauten Menschen.«[4] Und gerade dies macht seit 800 Jahren ihren »Zauber« aus. »Sie war vom Evangelium …, von der Botschaft Jesu vom Gottesreich, das in seiner Person schon jetzt unter uns angefangen hat«, so »angerührt«, dass sie sich ganz und gar im Dienst für Arme und Kranke verzehrte.[5] Einen »christofilen Suizid«, wie kürzlich der Marburger Philosoph und Atheist Joachim Kahl diese Lebensweise Elisabeths bissig bezeichnet hat[6], kann ich darin mit bestem Willen nicht sehen.

Heilige, das zeigen diese wenigen Bemerkungen schon, sind meist ganz anders, als wir sie uns gewöhnlich vorstellen. Sie besitzen einen Lebensüberschuss, in den wir uns nur schwer hineindenken können. Wir messen sie mit den uns zur Verfügung stehenden Maßstäben. Trotz aller Versuche, das Unerklärliche ihres Lebens zu erklären, kann die Spannweite ihrer Persönlichkeit niemals vollkommen umfasst werden. Die Sehnsucht nach Aufklärung bleibt zwar, kann aber zugleich zur Versuchung degenerieren, Heilige allgemein und die heilige Elisabeth im Besonderen auf ein uns gängiges Format zu reduzieren mit der Folge, uns mit klischeehaften Bildern zu begnügen. Wenn ich auch sonst Kahls Darstellung und Bewertung der heiligen Elisabeth als völlig unangemessen und unsachlich ablehne, lese ich das, was er als zynischen Seitenhieb formuliert hat, als ernste Mahnung: Wir müssen uns hüten, das Leben und Wirken der heiligen Elisabeth »schönzureden« oder »schönzufärben«.[7] Elisabeth ist eine extreme Frau gewesen. Das Extreme in ihrer Persönlichkeit lässt sich nicht einfach auf die Seite schieben. Sie ist von Extremen durch und durch bestimmt: höfisches Leben und niedrigster Dienst, grenzenlose Liebe zu ihrem Gatten und zugleich zum himmlischen Bräutigam Christus, Gehorsam gegen über ihrem Ehemann und zugleich gegenüber ihrem Beichtvater, herzlos erscheinende Weggabe ihrer Kinder und maßlose Liebe gegenüber Armen und Ausgegrenzten.

Diese Extreme dürfen nicht schöngeredet, nicht schöngefärbt werden. Wer dies auch nur versucht, wird weder der aufregenden äußeren und inneren Biografie der Thüringer Landgräfin gerecht, noch Elisabeths »Provokation der Heiligkeit«.[8] Schöngeredet und schöngefärbt vermag sie Menschen auch nicht mehr zu beunruhigen und die Werte unserer Welt auf den Kopf zu stellen. Und gerade dies hat sie getan! »Sie durchbrach in ihrem Denken, Urteilen und Verhalten Standesschranken ihrer Zeit.«[9] Die Heiligkeit Elisabeths wurde freilich nicht nur von ihrem sozialen Gewissen und den Liebesdiensten an zahllosen Menschen bestimmt, sie war ebenso eine Heilige des Gebetes. Das Gebet stand, wie die Arbeit für die Kranken und Armen, im Mittelpunkt ihres Alltags.

An Elisabeth von Thüringen kann unverkrampft verdeutlicht werden, was die katholische Kirche unter Heiligen versteht: Heilige sind Menschen, die sich von Gott betören ließen (Jeremia 20,7), die, wie es einmal der unvergessene Regionaldechant Winfried Leinweber zutreffend ausgedrückt hat, »Gottes Gnade rückhaltlos haben wirken lassen und … mit ihrem Leben eingestanden sind für die Botschaft von der zuvorkommenden Liebe Gottes«.[10] In den Heiligen »rühmen« katholische Christen »die dynamische Kraft Gottes, die Biografien verwandeln kann. Darum ist die Verehrung der Heiligen für uns katholische Christen ein Lobpreis der Gnade Gottes«.[11]

Dass Heilige darüber hinaus auch zuverlässige Fürsprecher bei Gott sind, lässt sich einmal grundsätzlich aus jener Glaubenszuversicht und -gewissheit ableiten, die auf dem biblischen Verständnis von Kirche als dem Leib Christi gründet: Durch das Haupt Jesus Christus verbunden, steht ein Glied für das andere ein (vgl. 1 Korinther 12,12–27, vor allem 25). Überträgt man diese theologische Begründung auf die heilige Elisabeth, wird man wohl berechtigt sagen dürfen: Schon zu ihren irdischen Lebzeiten war sie ganz Hingabe an andere.

Das sind die Gründe, weshalb Katholiken Elisabeth als Heilige verehren. Ihr Vorbild und ihre Fürsprache bei Gott ermutigt Menschen noch heute, Mädchen auf Elisabeths Namen zu taufen; Bistümer haben sie deshalb zu ihrer Patronin gewählt; Kirchen, Kapellen, Glocken, Krankenhäuser, Altenheime, Bildungseinrichtungen, Werke, Verbände und Vereine etc. in Ländern und Kontinenten tragen deshalb ihren Namen.

Elisabeths vorbildliches Leben aus dem Geist des Evangeliums Jesu Christi scheint selbst in unserer säkularisierten Zeit eine solche Leuchtkraft zu haben, dass sie bis heute Menschen inspiriert und motiviert. Offenen Herzens sollte Elisabeths innere und äußere Biografie gehört und aufgenommen werden und die daraus abgeleitete Botschaft internalisiert werden: »Wer selbstlos liebt, berührt Gott, wird mit ihm ›eines Sinnes‹.«[12]

2 / Elisabeth von Thüringen – eine »Brückenheilige«

Obwohl Papst Gregor IX. die heilige Elisabeth vor allem den Adeligen als nachahmenswertes Vorbild empfohlen hatte, setzte sich ihr Kult rasch bei allen Bevölkerungsschichten durch, vor allem in Hessen und Thüringen. Von Elisabeths Gottes- und Menschenliebe ist eine nachhaltig wirkende Integrationskraft ausgegangen: Sie vereint über den Graben der Jahrhunderte hinweg bis auf den Tag Arme und Reiche, gesellschaftlich Etablierte und Ausgegrenzte,

Junge und Alte. In der Verehrung dieser einmaligen Heiligen haben sich sogar zwei unversöhnliche Feinde, Erzbischof Siegfried III. von Mainz und der Schwager Elisabeths, Konrad von Thüringen, am Grab der Heiligen versöhnt.[13] Im Übrigen haben sie sich bei diesem offiziellen Akt ausdrücklich auf den bereits erwähnten »Fuldaer Vertrag« bezogen.

Dass man auf die Integrationskraft der heiligen Elisabeth schon unmittelbar nach der Reformation vertraute, zeigt auch eine Episode aus der Geschichte des Fuldaer Hochstifts. Es ist jene aufregende Zeit, in der sich entscheiden sollte, ob sich das Hochstift der lutherischen Lehre anschließen oder römisch-katholisch bleiben würde. Abt Balthasar von Dernbach (1570–1576/1602–1606) hatte nämlich 1571 die Jesuiten ins Hochstift Fulda geholt, um mit deren Hilfe die katholische Reform nach den Beschlüssen des Trienter Konzils durchzusetzen.[14] Dies bedeutete das Ende des seit über 20 Jahren in einigen Ortschaften praktizierten »humanistischen Reformkatholizismus« mit seinen Zugeständnissen bezüglich des Kommunionempfangs und der Priesterehe. Neben einigen Städten hatte sich vor allem aber die Ritterschaft des Hochstifts die reformerische Offenheit des Abtes zunutze gemacht, um mehr oder weniger als Protestanten zu leben. Um diese Freiheiten und auch die damit verbundenen wirtschaftlichen Vorteile weiterhin beanspruchen zu können, baten die Kontrahenten unter anderem den Landgrafen von Hessen um Hilfe. Damit erfuhren die konfessionellen Auseinandersetzungen einen ersten Höhepunkt im Hochstift. Konkrete Ziele dieser Aktion waren vor allem die Entfernung der Jesuiten aus Fulda und die Ablösung des Abtes Balthasar von Dernbach. Als dies nicht gelang, ließen die adeligen Grundherren, so weit dies noch nicht geschehen war, ab 1574 ihre Untertanen nicht mehr durch katholische Pfarrer betreuen, sondern errichteten, wenigstens teilweise, lutherisch orientierte »Eigen-Pfarreien«.

Vor dem Hintergrund dieser heftigen konfessionellen Auseinandersetzungen wird im Jahre 1575 die *Comoedia Elisabeth*[15] auf den Spielplan der sommerlichen Theateraufführungen der Fuldaer Jesuitenschule gesetzt. Dieses Drama ist nicht nur das älteste Zeugnis des Fuldaer Jesuitentheaters, sondern auch die früheste Dramatisierung des Elisabeth-Stoffes[16] überhaupt. Entgegen den üblichen Jesuitendramen, die sich immer auch als katechetisches Mittel der »katholischen Reform« verstanden, enthält dieses Elisabeth-Stück keine verbalen Spitzen gegen die Protestanten. Es ist geradezu auffallend, dass der unbekannte jesuitische Autor darauf verzichtet, dogmatische Konfliktpunkte aufzugreifen, konfessionelle Grenzen zu markieren, die Protestanten anzugreifen oder gar zu verunglimpfen. Im Gegenteil! Das gesamte Elisabeth-Drama ist darauf ausgerichtet, Trennendes beiseite zulassen und allgemein christliches Gedankengut im Heiligenleben der Thüringer Fürstin darzustellen, in dem die Liebe alle und alles besiegt.[17] Das Thema »Elisabeth«, das die Fuldaer Jesuiten inszeniert hatten, war »wie ein versöhnendes und gewissermaßen werbendes Angebot«.[18] Die Gründe dafür sind nicht belegt; man kann nur darüber spekulieren. Es können persönliche und politische Aspekte eine Rolle gespielt haben. Möglicherweise wollte man den protestantischen hessischen Landgrafen nicht brüskieren. Immerhin bestanden zwischen dem Fuldaer Abt und ihm persönliche Kontakte. Sie besuchten einander, was zumindest für den Fuldaer Abt durch entsprechende »Reisezettel« belegt ist. Der Abt nahm sogar als Gast an der Taufe von Kindern des Landgrafen teil. Der Landgraf wiederum suchte von Zeit zu Zeit die Fuldaer Bibliothek auf und pflegte auch sonst Kontakte zur Jesuitenschule. Allerdings ist auch vorstellbar, dass man die schwierigen Verhandlungen nicht zusätzlich durch ein provozierendes Elisabeth-Drama erschweren wollte. Möglicherweise wollte man mit der Wahl des Themas den hessischen Landgrafen für die eigenen Interessen bei den konfessionellen Auseinandersetzungen gewinnen, zumindest aber ihn, der in der offiziellen Politik der erbittertste Gegner der Rekatholisierung Fuldas durch die Jesuiten war, zur politischen Zurückhaltung bewegen.[19]

Elisabeth wird immerhin als Ahnfrau des Hauses Hessen verehrt und ihr Konterfei schmückt zahlreiche hessische Landgrafensiegel. Somit kann sie als »Brückenheilige« zwischen den Konfessionen bezeichnet werden.

Martin Luther sagte über sie: »Ich gläube freundlich, St. Elisabeth zu Marburg sei heilig«[20]. Und in seiner »Kirchenpostille« bezeichnete er die Thüringer Landgräfin als »ein Exempel von der heiligen Frau St. Elisabeth«.[21]

3 / Elisabethverehrung im Bistum Fulda

Anfänge der Elisabethverehrung im Bistum Fulda

Obwohl die Elisabethverehrung bereits unmittelbar nach dem Tode der Heiligen in Marburg begann, spielte Elisabeth von Thüringen unter den Heiligen, die in der Kirche von Fulda verehrt wurden, weder in den Zeiten des Hochstifts[22] noch bei der Bistumsgründung im Jahre 1752 eine Rolle – sieht man einmal vom Kontext der oben erwähnten *Comoedia Elisabeth* ab. Dies änderte sich erst allmählich, als durch die päpstliche Bulle *Provida solersque* (16. August 1821) unter anderem Marburg von der alten Metropolitan-Diözese Mainz abgetrennt und dem Bistum Fulda zugeordnet wurde. Freilich blieb die gotische Grabeskirche der heiligen Elisabeth, das schönste und zugleich herausragendste Zeichen der Elisabethverehrung, im Besitz der evangelischen Elisabethgemeinde. Wie sehr dieser Verlust katholische Christen schmerzt, wird bis in unsere Tage immer wieder mal ausgesprochen. Ein besonderes Zeugnis stellt in diesem Zusammenhang der Brief der Freiin Elisabeth von Schönau dar, der vor 80 Jahren dem Fuldaer Bischof Joseph Damian Schmitt (1907–1939) von Fürst Löwenstein überreicht worden ist.[23]

Die Freiin schlägt darin vor, die Katholiken sollten den Protestanten anbieten, die Marburger Elisabethkirche zurückzukaufen. Sollte dies nicht möglich sein, möge man sich darum bemühen, mit der evangelischen Gemeinde der Elisabethkirche einen auf das Jubiläumsjahr 1931 befristeten Pachtvertrag abzuschließen, damit katholischen Christen vergönnt sei, am Grab der heiligen Elisabeth eine Eucharistiefeier begehen zu können.[24]

Heute sollte der Gedanke leitend sein, dass die Elisabethkirche für evangelische wie katholische Christen eine »Reliquie der besonderen Art« ist und »eine nicht endende Predigt, die zum Glauben ruft«.[25]

Mit Marburg wurde unter anderem durch die bereits erwähnte päpstliche Bulle auch das mainzische Fritzlar dem Bistum Fulda zugeordnet. Schon im 13. Jahrhundert nahm das Fest der heiligen Elisabeth von Thüringen in der Fritzlarer Liturgie eine hervorragende Stellung ein. So wurde bereits 1252/53 im Stift St. Peter eine Kapelle zu Ehren der Heiligen errichtet.[26] Mit großer Wahrscheinlichkeit ist diese »die früheste hessische Verehrungsstätte der Heiligen«[27] außerhalb Marburgs. Nicht nur in der Architektur des traditionsreichen Fritzlarer Doms findet man Spuren der Heiligen, auch in den dort verwendeten liturgischen Texten. Noch heute ist ein der heiligen Elisabeth gewidmetes Messformular erhalten[28], das Ende des 13. Jahrhunderts durch eine Elisabeth-Sequenz ergänzt wurde. Diese wurde kurz nach Elisabeths Heiligsprechung gedichtet und dürfte eines der ältesten Denkmäler dichterischen Lobpreises auf die heilige Elisabeth sein.[29]

Im Rahmen der Neuumschreibung des Bistums Fulda kam etwas später auch Eisenach mit einigen Pfarreien des Dekanates Geisa, die im Bereich des Großherzogtums Sachsen-Weimar lagen, zur Diözese Fulda. Während Eisenach 1994[30] beziehungsweise 1997[31] endgültig dem Bistum Erfurt zugeordnet wurde, verblieben die Pfarreien des so genannten »Geisaer Amtes« im Bistum Fulda.

Mit Fug und Recht darf gesagt werden, dass sich das Bistum Fulda von der traditionellen Elisabethverehrung in Marburg, Eisenach und Fritzlar, wo Elisabeth schon seit ihrer Heiligsprechung am 25. Mai 1235 in besonderer Weise verehrt worden ist, hat inspirieren lassen. Mit großer Sensibilität wurde jedenfalls in den folgenden Jahren die Verehrung der heiligen Elisabeth Schritt für Schritt in das kirchliche Leben des Bistums »inkultiviert«. Beredte Beispiele hierfür sind die bisher fünf großen bistumsweit gefeierten beziehungsweise zu feiernden Elisabethjubiläen.

600. Geburtstag der heiligen Elisabeth 1886 – Beginn der »Elisabeth-Renaissance«

Zum 600. Geburtstag der heiligen Elisabeth im Jahre 1886[32] hat Bischof Georg Kopp (1881–1887) seinen Fastenhirtenbrief[33] der Heiligen gewidmet und integrierte damit die thüringische Landgräfin mit bewegenden Worten als »die unsrige«, die »in unserer Diözese lebte, wirkte und betete ... Hier liegen die Wege, die sie gegangen ist; hier standen die Hütten, die sie besuchte; hier lebten die Armen und Unglücklichen, denen sie Hülfe und Trost brachte. Dort im Osten unseres Bistums steht noch die Burg ..., von der sie niederstieg zu den Werken der Wohlthätigkeit; von da schlängelt sich noch der rauhe Pfad herab, auf dem sie ... den Kreuzweg zur Nachfolge angetreten hat. Und dort im Westen steht noch das berühmte Heiligtum, die Elisabethkirche, zur Erinnerung daran, wie sie hier im armen Gewande des hl. Franziskus freiwillig und im Dienste der Armen und Kranken ihr junges Leben beschloß ...«.[34]

Bischof Kopps Hirtenwort ist gewissermaßen zum »offiziellen Startschuss« für die Elisabethverehrung im Bistum Fulda geworden. Ende des 19. Jahrhunderts begann in der deutschen Kirche eine allgemeine »Elisabeth-Renaissance«, die in Fulda ihren Ausgang nahm. Anlässlich des ersten bistumsinternen Elisabethjubiläums erhob Papst Leo XIII. (1878–1903) am 10. September 1886 auf Bitten der in Fulda versammelten Bischöfe die heilige Elisabeth zur Patronin der deutschen Frauen und Jungfrauen und stellte zugleich die katholischen Frauenvereine unter ihren Schutz.[35] In ihrem Gesuch an den Heiligen Stuhl hatten die deutschen Bischöfe unter anderem auf die außerordentlichen Gefahren des um sich greifenden Unglaubens sowie auf die Bedrohung von Familie und Eigentum hingewiesen.

Ab 1894 wird in der Diözese Fulda mit päpstlicher Genehmigung das Fest der heiligen Elisabeth am letzten Mittwoch im Kirchenjahr gefeiert. Schließlich erhielt die Heilige auch ihren Platz im Diözesankatechismus. In der

Ausgabe des »Katholischen Katechismus für die Diözese Fulda« aus dem Jahre 1896 wurde unter den Lebensbildern heiliger Personen, welche im Bistum Fulda besonders verehrt werden, erstmals auch die heilige Elisabeth von Thüringen genannt. Dies mag dazu beigetragen haben, dass in der Frömmigkeitspraxis des 19. Jahrhunderts Elisabeth zunehmend eine »herausragende Stellung« im Bistum Fulda eingenommen hat.[36] Zahlreiche Frauengemeinschaften im Bistum, die sich im Geist franziskanischer Armut sozialcaritativen Diensten widmeten, wählten die Heilige zu ihrer Patronin.[37] Das war wohl auch der Grund dafür, dass für die Menschen in den Pfarreien außerhalb der Bischofsstadt und ihres unmittelbaren Umfeldes Elisabeth wichtiger wurde als die Bistumsheiligen aus der frühen Zeit der Klostergründung.

700. *Todestag der heiligen Elisabeth 1931 – Neuordnung der Diözese*

Das zweite Elisabethjubiläum, das im Bistum gefeiert wurde, war der 700. Todestag der Heiligen im Jahre 1931. Erst zwei Jahre zuvor musste das Bistum die folgenreichste Veränderung im Rahmen der Neuordnung der mitteldeutschen Diözesen hinnehmen.[38] Das Konkordat des Heiligen Stuhles mit Preußen vom 14. Juni 1929 beziehungsweise dessen Ausführungsbulle brachten für das Bistum Fulda einschneidende Änderungen: Das Bistum wurde von der Oberrheinischen Kirchenprovinz getrennt und in die neu gegründete Kirchenprovinz Paderborn eingegliedert. Der einst kurhessische Teil der Umgebung Frankfurts am Main, so weit er dem Stadtgebiet zugeordnet war, musste an das Bistum Limburg abgegeben werden. Als Ersatz dafür erhielt das Bistum von der Erzdiözese Paderborn das ehemals mainzische Kommissariat Heiligenstadt (Eichsfeld) sowie das weiträumige Dekanat Erfurt, ein Diasporagebiet mit nur 3,72 Prozent Katholikenanteil. Das Bistum Fulda hatte damit eine starke Einbuße durch den Verlust des wirtschaftlich starken Frankfurter Raumes erlitten und in dem weit ausgedehnten Dekanat Erfurt eine zusätzliche Aufgabe in der Diaspora übernommen. »Zugleich war mit dem Eichsfeld ein geschlossenes katholisches und eher ländlich geprägtes Gebiet nach Fulda gekommen. Die Grenzen des Bistums und dessen Statistik änderten sich hierdurch wesentlich.« [39]

In seinem Hirtenwort zur Eröffnung des Elisabethjahres geht Bischof Joseph Damian Schmitt zwar auf das Wirken der heiligen Elisabeth ein, stellt aber auch Beziehungen zur aktuellen und vor allem aber zur schwieriger gewordenen pastoralen Situation der Zeit her.[40] Diese war durch die äußere Not des wirtschaftlichen Niedergangs mit der Massenarbeitslosigkeit bestimmt. Am 17. Mai 1931 fand in der Wartburgstadt Eisenach ein »Thüringer Katholikentag« statt, den Bischof Joseph Damian mit den Diaspora-Katholiken Thüringens sowie den Katholiken im Eichsfeld mit einem Pontifikalamt feierte.

750. Geburtstag der heiligen Elisabeth 1957 – Elisabethjubiläum im geteilten Deutschland

Erstmals wurde 1957 ein Elisabeth-Jubiläum unter den Bedingungen des politisch getrennten Deutschlands gefeiert. Die auf Thüringer Gebiet liegenden Fuldaer Dekanate waren durch den »Eisernen Vorhang« faktisch vom übrigen Teil der Diözese abgetrennt, gehörten aber kirchlich nach wie vor zum Bistum Fulda. Damit befanden sich auch die beiden Wirkungsstätten der Heiligen in zwei politisch und ideologisch getrennten Welten. Das Jubiläum wurde mit zwei Veranstaltungen in Marburg und Erfurt begangen.

Im September 1957 feierte man den 750. Geburtstag der heiligen Elisabeth in Marburg als »Oberhessischen Katholikentag«.[41] Zelebrant war der Kölner Kardinal Frings. Der Vorsitzende der Deutschen Bischofskonferenz feierte die Heilige ausdrücklich im Namen des deutschen Episkopates. Die Predigt des Kardinals ist damals wie heute aktuell. Er betonte nämlich, Elisabeth habe die Gefahren des Subjektivismus und des Starrsinns erkannt und sich diesen widersetzt. Er unterstrich ihre mutige Gewissensentscheidung, ihre Demut und Treue zur Kirche. Christusliebe und Menschenliebe schlössen sich nicht aus. »Sie fand Christus in den Armen, an die sie nun die ganze Liebeskraft der Braut und Mutter zugleich verströmen könnte.«[42]

Auch in Erfurt wurde das Jubiläum gefeiert. Als Vertreter des Diözesanbischofs reiste Weihbischof Adolf Bolte dorthin. Es nahmen 70 000 Menschen an der Eucharistiefeier mit dem damaligen apostolischen Nuntius Erzbischof Dr. Aloisius Muench teil.

750. Todestag der heiligen Elisabeth 1981 – ökumenische Akzente

Die bisher größte Jubiläumsveranstaltung fand anlässlich des 750. Todestages der heiligen Elisabeth mit einer Festwoche vom 13. bis 20. September 1981 in Marburg statt.[43] Bischof Eduard Schick hat seinen Eindruck von den Feierlichkeiten in folgenden Sätzen zusammengefasst: »Man hat in diesem Jubiläumsjahr jene große Frau weniger äußerlich gefeiert als sich innerlich von ihr begeistern lassen.«[44] Die Mitfeiernden fühlten sich durch die Veranstaltung lebendig angesprochen. Sie konnten gewissermaßen »Erfahrungen mit der Heiligen« machen, weil Elisabeth gleichsam aus ihrer Zeit herausgetreten und auf die Menschen zugegangen ist. »Sie kam ... bei den Feiern ihr zu Ehren wohl auch deshalb so gut wieder unter den Menschen an, weil viele von uns heute eine viel drückendere Not belastet als die Not des Leibes, die Not der ins Nichts hineingestoßenen Seelen, die Existenzangst in ursprünglichster Form, die mit dem Gefühl der Sinnlosigkeit des menschlichen Herzens überfällt ... Der Hunger nach Gott, den unsere Heiligen wohl, ja sogar stärker in sich spürten als ein Durchschnittschrist, ... hat sich, so scheint es mir, bei den diesjährigen Jubelfeiern bei vielen auffällig stark angemeldet als Hunger und Durst nach der Gerechtigkeit, dem der Herr in der Bergpredigt die Verheißung gibt, daß er gesättigt wird (vgl. Matthäus 5,6).«[45]

Ohne die Ökumene eigens zum Thema zu erheben, hatte das Elisabethjubiläum sowohl im Osten wie auch im Westen des Bistums Fulda ökumenische Akzente. So fand in Marburg eine Reliquienprozession statt, an der auch evangelische Festgäste teilgenommen haben. Die Teilnahme wurde ihnen dadurch möglich, dass »an der Spitze der Prozession Kreuz und Evangelienbuch getragen wurden«.[46] Darüber hinaus bezog man während der Festwoche die Elisabethkirche als Ort für nichteucharistische Gottesdienste ein. Gottesdienste leiteten damals gemeinsam der evangelische Propst und spätere Landesbischof Christian Zippert und der Marburger Regionaldechant Dr. Winfried Leinweber.

Wer die Berichte über die Predigten und Festvorträge anlässlich dieser vier Jubiläumsveranstaltungen liest, wird feststellen, dass die heilige Elisabeth über die Jahrhunderte hin eine bleibende Herausforderung darstellt. Zudem zeugen die Ende des 19. und Anfang des 20. Jahrhunderts im Bistum Fulda neu errichteten Kirchen mit Elisabeth-Patrozinien[47] vom großen Interesse an dieser Heiligen.

800. Todestag der heiligen Elisabeth 2007 –
ökumenische Ausrichtung und diakonisch-caritatives Handeln

Im Jahr 2007 wird die heilige Elisabeth von Thüringen im Bereich des Bistums Fulda vor allem in Marburg gefeiert, dem Ort, wo endgültig aus der Fürstin eine Hospitalschwester geworden ist[48]; wo bereits am 14. August 1235 über ihrem Grab mit dem Bau der ersten gotischen Kirche in Deutschland begonnen worden ist; in der Stadt, die gewissermaßen »über Nacht zum Zentrum eines neuen, rasch expandierenden Heiligenkults«[49] und vorübergehend zur Hauptstadt der neu gegründeten Landgrafendynastie Hessen geworden ist.

Erstmals wurde das Elisabethjubiläum von beiden Konfessionen gemeinsam geplant. Ein Ergebnis ist, dass der eigentliche Festakt des Elisabethjahres in Marburg in ökumenischer Verantwortung durchgeführt wird. Vor allem aber finden in den Pfarreien und Kirchengemeinden gemeinsame Gottesdienste, Wallfahrten und diakonisch-caritative Veranstaltungen statt. Nicht weniger wichtig für die »konfessionelle Brückenfunktion«, welche die heilige Elisabeth übernehmen kann, ist auch die Tatsache, dass die Evangelische Kirche von Kurhessen-Waldeck und das Bistum Fulda in geschwisterlichem Ringen eine gemeinsame Bildmarke für das Jubiläums-Logo erarbeitet haben.

Ich habe die Hoffnung und Zuversicht, dass durch alle diese Bemühungen die heilige Elisabeth verbindend wirkt und die beiden christlichen Konfessionen stärker zusammenführen wird.

Meinen Ausführungen habe ich den Titel *Erinnerung ist Gegenwart* vorangestellt. In dem großschrittigen Spaziergang durch die Geschichte der Elisabethverehrung in unserem Bistum sollte unter anderem deutlich geworden sein, welche Anstrengungen und Mühen die Gläubigen unternommen haben, einer Tradition der Elisabethverehrung Grund zu legen. Der Titel *Erinnerung ist Gegenwart* sollte darüber hinaus darauf aufmerksam machen, dass gefeierte, erlebte und erfahrene Erinnerungen das Andenken an die große heilige Elisabeth von Thüringen lebendig halten.

Freilich, die beste Form des Erinnerns und Gedenkens an die heilige Elisabeth ist, mit ihren Augen aufmerksam auf die Nöte unserer Zeit zu schauen. Allerdings werden wir heute mit anderen Nöten und Herausforderungen konfrontiert als die geschichtliche Elisabeth auf der Wartburg oder in Marburg. Deshalb wird man ihr Wirken auch nicht unmittelbar in das 21. Jahrhundert übertragen können. Doch was wir von ihr übernehmen können, ist ihre Bereitschaft, angesichts aktuellen Elends nicht wegzuschauen. Um genau dieses Anliegen soll es im diesjährigen Elisabethjubiläum gehen: hinzuschauen! Und das möglichst konkret. Dies ist mein Anliegen, und es ist das meines Erfurter Mitbruders im bischöflichen Amt.[50]

4 / An Elisabeth Maß nehmen

Sie reichte Hungernden das Brot
und pflegte Kranke in der Not,
gab Trost dort, wo man trostlos weint:
Sie brachte Licht, wo keines scheint.[51]

An Elisabeth als Vorbild für die christliche Tugend der tätigen Nächstenliebe zu erinnern und an ihr Maß zu nehmen, ist in unserer heutigen Gesellschaft angesichts der steigenden Armut und den tiefen sozialen Problemen von besonderer Bedeutung. Die heilige Elisabeth verbindet praktizierte Caritas mit tiefer Gottesbeziehung, das heißt, die Liebe zu Gott und die Liebe zu den Menschen bedingen sich bei ihr in selten konsequenter Weise. Durch die heilige Elisabeth erhalten die abstrakten Begriffe »Nächstenliebe« und »Gerechtigkeit« buchstäblich ein Gesicht. Allerdings nur dann, wenn aus dem Hinschauen ein tatkräftiges und dienendes Handeln wird. »Das kann in vielen Fällen nur zeichenhaft und beispielhaft sein, aber es wird nicht ohne Wirkung bleiben. Unsere Gesellschaft braucht mehr als Gerechtigkeit, so notwendig diese auch ist. Auf dem Fundament der Gerechtigkeit braucht unser gesellschaftliches Haus auch Barmherzigkeit und Solidarität für jene, die allein nicht mit dem Leben zurechtkommen. Gerade im Bereich zwischenmenschlicher Beziehungen gilt es, der gesellschaftlich anzutreffenden Kälte zu widerstehen und Räume zu bewahren und auszubauen, in denen der Mensch Zuwendung und Wärme empfangen kann.«[52]

Menschen, die sich aus ganzem Herzen für andere einsetzen, berühren selbst jene, die gewohnt sind, nur an sich zu denken. Und ganz tief im Bewusstsein spürt wohl jeder selber: Ja, so sollte es sein! Nur so kann sich Gesellschaft verändern, werden die Mauern der Armut, der Unbarmherzigkeit, der Ungerechtigkeit durchbrochen.

Menschen wie Elisabeth teilen ihr Leben mit den Schwerstkranken auf den Palliativstationen der Krankenhäuser und in den Hospizen. Mit krebskranken Kindern, chronisch Kranken, Jungen und Alten mit brutalharten Diagnosen halten sie den unfassbaren Leidensdruck aus. Sie sind einfach für diese Menschen da, halten ihre Hand. Sie sind bereit, mitzubangen und zu hoffen, Freude zu teilen und Tiefschläge zu verarbeiten. Ihr Ausdruck von Wärme und Mitgefühl lässt in der Hilflosigkeit hoffen.

Menschen wie Elisabeth stehen als Sozialarbeiterinnen an der Seite der Armen. Sie nehmen sich der Sorgen und Nöte der Menschen an, die voller Scham ihre Armut verstecken. Sie sind mit Arbeitslosigkeit, Hartz IV-Bezügen, fehlenden Unterhaltsleistungen, überzogenen Konten und niederdrückenden Schulden konfrontiert.

Menschen wie Elisabeth arbeiten als Streetworker. Sie kennen die Obdachlosen ihrer Stadt. Wissen, wo sie leben, wo sie übernachten, kennen ihre Namen und Gesichter. Berührungsängste liegen ihnen fern. Wie selbstverständlich teilen sie die Einsamkeit der Nichtsesshaften, hören ihnen zu, reden ihnen gut zu, bringen ihnen ein paar Kleidungsstücke und Decken.

Menschen wie Elisabeth sind in den Besuchsdiensten der Pfarreien und Pastoralverbünde gegenwärtig. Einsamkeit ist zur modernen Not geworden, und so sind diese bei den Einsamen ihrer Gemeinde zu finden. Ehrenamtlich engagieren sie sich bei alleinstehenden älteren Menschen durch Besuche, Gespräche und kleine Erledigungen. Sie durchbrechen die Mauern der Isolation und Einsamkeit.

Menschen wie Elisabeth sind in den »Tafeln« bei der Lebensmittelausgabe zu finden, in den Kleiderkammern beim Sortieren und Bereitstellen von Wäsche und Kleidungsstücken. Sie betreuen Kinder bei Hausaufgaben und entlasten alleinerziehende Mütter. Ihre Freizeit teilen sie mit alten Menschen in Seniorenheimen, mit Behinderten und Kranken.

Menschen wie Elisabeth durchbrechen heute die Mauern der Isolation, der Angst und der Trauer – ganz gleich, ob als Privatpersonen oder Mitarbeiterinnen und Mitarbeiter in staatlichen oder kirchlichen Sozialeinrichtungen. In solchen Menschen wird die *Erinnerung* an die heilige Elisabeth *Gegenwart*.

6 / Mit meinem Gott durchbreche ich Mauern[53]

So ungewöhnlich wie die historische Elisabeth von Thüringen ist eine Tuschzeichnung, welche die Rhöner Künstlerin Agnes Mann vor mehr als zwanzig Jahren für das Buch »Unverwehte Spuren«[54] gemalt hat. Von den zahlreichen Elisabeth-Bildern, die in jüngerer Zeit entstanden sind, hat mich dieses besonders angesprochen, obwohl es auf den ersten Blick kaum mit der Heiligen in Verbindung gebracht werden kann. Man vermisst nämlich manche der im Laufe der Kunstgeschichte liebgewonnenen ikonografischen Attribute, die der heiligen Elisabeth von Thüringen zugeordnet worden sind. Nun hat auch Agnes Mann nicht auf traditionelle Attribute verzichtet. Zumindest sind Krone und Brot dargestellt. Aber das Brot soll, nach Aussage der Künstlerin[55], ausdrücklich nicht mit dem in der späteren Tradition der Heiligen zugewiesenen »Rosenwunder« in Verbindung gebracht werden. Brot, so Agnes Mann, ist »Inbegriff für Lebensspeise«. Es steht in dieser Zeichnung für alles, was zum Leben gehört, was Menschen zum Leben brauchen.

Ungewöhnlich an dieser künstlerischen Darstellung ist auch, dass die Heilige ein goldenes Schmuckkreuz trägt; dass sie gleich zweimal dargestellt ist: schemenhaft auf der rechten, klar und deutlich auf der linken Bildseite. Vor allem aber ist für Elisabeth-Darstellungen die schier unüberwindbare Mauer ungewöhnlich, die von der Bildmitte her die rechte Bildhälfte auffällig stark beengt. Noch ungewöhnlicher ist, dass Elisabeth, die Fürstenkrone fest auf dem Haupt trägt, während sie die Mauer durchbricht. Die jetzt auf den Betrachter zuschreitende Frau stößt sich mit ihrer linken Hand von der Mauer ab. Die Krone schwebt nunmehr nur über ihrem Haupt, so, als gehöre sie nicht mehr zu ihr, als habe sie eine andere Bedeutung erhalten. Der seitlich gerichtete Blick konzentriert sich unverkennbar auf die Mauer, in die sie ein Loch gebrochen hat, um hindurchzugehen (vgl. Ezechiel 12,12).

Steht Elisabeth etwa »als stumme Frage vor uns«[56], wie der ehemalige evangelische Pastor und heutige katholische Gemeindepfarrer Peter Gerloff im Jahre 2001 in einem wunderbaren Elisabeth-Lied formuliert hat?

Möglich! Elisabeth ist und bleibt nämlich eine »Provokation der Heiligkeit«, wie Ernst W. Wies im Untertitel seiner Elisabeth-Biografie formuliert hat.[57]

Agnes Mann hat für die Betrachterinnen und Betrachter die Mauer geradezu provokativ in die Bildmitte gestellt. Worauf will die Künstlerin aufmerksam machen? Welche Sichtweise will die Künstlerin mit dem Ausdrucksmittel »Mauer« eröffnen?

Elisabeth umgaben zahlreiche Mauern und jede war verschieden. Elisabeth umgaben nicht nur die Mauern der wehrhaften Wartburg, sie war von den Mauern der höfischen Konventionen und des adeligen Standes ebenso umgeben wie von den Mauern der Anfeindungen und Vorurteile. An diese erinnert mich die Tuschzeichnung von Agnes Mann. Und daran, dass Elisabeth diese Mauern durchbrochen hat.

Die Künstlerin setzt gewissermaßen die revolutionäre Wirklichkeit der Heiligen ins Bild, die erst ermöglicht hat, was wir so sehr an der heiligen Elisabeth schätzen. Mit dem Psalmbeter darf der Elisabeth dieses Bildes in den Mund gelegt werden: »Mit meinem Gott durchbreche ich Mauern!« (nach Psalm 18,30b).

Das Bild zeigt Elisabeths Starkmut, der sich im Vertrauen auf Gott von keiner Mauer, sei es die des Standes, der Konventionen, der Anfeindungen oder Vorurteile von ihrer Berufung hat abbringen lassen. In ihrem Denken, Urteilen und Handeln durchbrach sie die Standesschranken ihrer Zeit. Und deshalb konnte sie gleichsam mit den Augen Gottes auf die ihr anvertrauten Menschen schauen.[58] Das »soll uns veranlassen, mit ihren Augen auf unsere Zeit und ihre Nöte zu schauen. In Kurzform: Die beste Form des Gedenkens an die heilige Elisabeth ist das genaue Hinschauen.«[59] Agnes Manns Bild lässt in die vierte Strophe des »Fuldaer Elisabethliedes« einstimmen:

Lehr uns den Weg der Liebe gehen.
dass wir den Herrn im Nächsten sehn,
wenn er erscheint im Armutskleid;
mach uns – wie sie – zum Dienst bereit.[60]

1 Vgl. Walter Heinemeyer, Die heilige Elisabeth in Hessen. 700 Jahre Elisabethkirche in Marburg 1283–1983. Katalog 4. Marburg 1983, 20. – Der Inhalt des Fuldaer Vertrags von 1219 ist zwar in seinen Einzelheiten nicht bekannt, muss aber dennoch für die folgenden Jahre den Frieden im Land gesichert haben. Als Landgraf Konrad, Ludwigs jüngster Bruder, acht Jahre nach dem Tod der heiligen Elisabeth im Jahre 1232, und der Mainzer Erzbischof Siegfried III. von Eppstein ihren Krieg mit einem Friedensvertrag beendeten, bezogen sie sich ausdrücklich auf den »Fuldaer Vertrag« ihrer Vorgänger (vgl. auch Anm. 10).

2 Vgl. Archiv BGV Fulda (DE-Ful3): Az 345–12. Fasz 1: Kirchenzucht. Diözesan- und Patronatsfeste 1955 – 1967 – 1979, hier: Schreiben von Bischof Eduard an die hl. Kongregation für Sakramente und Gottesdienst vom 19. Februar 1976. – Zur Zeit dieses Schreibens lag ein Teil des Fuldaer Gebietes in der DDR. Die Dekanate und Pfarreien wurde durch das Bischöfliche Amt Erfurt-Meiningen, das kirchenrechtlich zum Bistum Fulda gehörte, seelsorglich betreut.

3 Vgl. Kirchliches Amtsblatt für die Diözese Fulda. Stück VII, vom 7. Juli 1976, Nr. 110.

4 »Wie Gott die Menschen lieben«. Gemeinsamer Hirtenbrief der Bischöfe von Erfurt und Fulda zum Elisabeth-Gedenkjahr 2007. Fulda, 19. November 2007, 3.

5 Hirtenbrief [Anm. 4], 3f.

6 Vgl. Pressebericht über einen Vortrag von Joachim Kahl zu Elisabeth von Thüringen. In: Marburger Neue Zeitung, 2. März 2007. – Vgl. auch http://hpd-online.de/node/1353 – 7. März 2007.

7 Vgl. Marburger Neue Zeitung [Anm. 6] ebd.

8 Vgl. hierzu den Untertitel bei Ernst W. Wies, Elisabeth von Thüringen. Die Provokation der Heiligkeit. Esslingen / München 32004 (1993).

9 Hirtenbrief [Anm. 4], 3; vgl. auch KNA-Interview von Peter de Groot mit Bischof Algermissen über die heilige Elisabeth: »Vorbild der Nächstenliebe«.

10 Winfried Leinweber, Die Bedeutung der Heiligen Elisabeth für die Kirche; in: Friedhelm Jürgensmeier (Hg.): So also, Herr … Elisabeth von Thüringen 1207–1231. Frankfurt am Main ^{1}1982, 89–99, 97.

11 Hirtenbrief [Anm. 4], 8.

12 Hirtenbrief [Anm. 4], 6.

13 1. Mai 1236 in Marburg, bei der Erhebung von Elisabeths Gebeinen.

14 Vgl. zum Folgenden Josef Leinweber, Die Fuldaer Äbte und Bischöfe. Frankfurt am Main [1]1989, 117f.

15 Der vollständige Titel lautet: *Comoedia Elisabeth filia Regis Hungariae et Landgravii Thuringiae coniunx*. Ein Exemplar der *Comoedia Elisabeth* befindet sich in der Hochschul- und Landesbibliothek Fulda: LB 4°Cod. C 18, fol. 275^r–302^r. – »comoedia« wird bei den Jesuiten häufig synonym mit »drama« und »actio« verwendet.

16 Die *Comoedia Elisabeth* ist in lateinischer Sprache verfasst.

17 Vgl. hierzu die detaillierten Hinweise bei Fidel Rädle, Eine *Comoedia Elisabeth* (1575) im Jesuitenkolleg zu Fulda; in: Elisabeth, der Deutsche Orden und ihre Kirche. Festschrift zur 700jährigen Wiederkehr der Weihe der Elisabethkirche Marburg 1983. Hg. im Auftrag der Philipps-Universität Marburg von Udo Arnold und Heinz Liebing. Quellen und Studien zur Geschichte des Deutschen Ordens. Hg. von Udo Arnold unter Patronanz des Deutschen Ordens. Band 18. Marburg 1983, 78–145, 90–92.

18 Rädle, Comoedia Elisabeth [Anm. 17], 90.

19 Dieses kleine Beispiel zeigt allerdings noch eine andere Seite. In den konfliktreichen Zeiten der Reformation und der katholischen Reform wurde nicht nur hemdsärmelig und mit brutaler Waffengewalt aufeinander losgeschlagen. Man verstand sich ebenso gut auf die »Politik der kleinen Nadelstiche«. So wird an keiner Stelle des der *Comoedia Elisabeth* die Stadt Marburg oder die Landgrafenschaft Hessen erwähnt. Entsprechend findet die letzte und berühmteste Hospitalgründung Elisabeths auch nicht in dieser Stadt statt, sondern in Thüringen. Konsequent lässt der Autor Elisabeth auch nicht in der Stadt an der Lahn, vielmehr in Thüringen sterben. Durch diese »Nadelstiche« wollte der Autor offensichtlich verhindern, dass auch nur ein winziges Fünkchen vom Glanz der Heiligen auf das protestantische Hessen fallen sollte. – Nebenbei bemerkt, einen ebenso diskreten »katholischen Protest« findet man im Übrigen auch bei einigen Elisabeth-Skulpturen an barocken Kirchenfassaden des ehemals mainzischen Enklaves in Oberhessen: unter anderem in den Ortschaften Rossdorf und Schröck, die heute zum Bistum Fulda gehören. Elisabeth wird hier mit einem Buch dargestellt, das sie mit der rechten Hand an ihr Herz presst. Da es diese Darstellungsweise nur an den Grenzen zum protestantischen Hessen gibt, wird vermutet, dass es sich hierbei um eine »konfessionelle Grenzmarkierung« handelt.

Das offene Buch, das Elisabeth demonstrativ hält, soll wohl von den Betrachtern der damaligen Zeit als Symbol des rechten, des katholischen Glaubens gedeutet werden.Vgl. Cordula Bischoff, Strategien barocker Bildpropaganda. Aneignung und Verfremdung der heiligen Elisabeth von Thüringen. Studien zur Kunst- und Kulturgeschichte. Band 9. Marburg 1990, 77–80, 78f.

20 Vgl. hierzu Josef Leinweber, Das Hochstift Fulda vor der Reformation. Inaugural-Dissertation zur Erlangung der theologischen Doktorwürde vorgelegt der Hochwürdigsten Theologischen Fakultät der Ludwig-Maximilians-Universität München. Veröffentlicht in: Quellen und Abhandlungen zur Geschichte der Abtei und der Diözese Fulda XXII. Fulda 1972, 194–235.

21 Zitiert nach Elfriede Kiel, Die große Liebende – St Elisabeth. Leipzig o. J., 104.

22 Luthers Werke. Weimarer Ausgabe (WA) 10,1,1, 257.

23 Vgl. hierzu Leinweber, Das Hochstift Fulda [Anm. 20], 194–235.

24 Brief von Alois Fürst zu Löwenstein vom 22. Februar 1927 an den Fuldaer Bischof Joseph Damian Schmitt (1907–1939); in: Archiv BGV Fulda (DE-Ful3): Az 340-05/1. Fasz 1: Verehrung der Heiligen. Jubiläen und Verehrungen Fuldaer Heiligen. St. Elisabeth 1853–1936.

25 Vgl. Archiv BGV. St. Elisabeth 1853–1936 [Anm. 24].

26 Nach einer Mitschrift des Festvortrags von Altbischof Prof. Dr. Christian Zippert anlässlich der Einweihung der renovierten Räumlichkeiten des Katholisch-Theologischen Seminars an der Philipps-Universität Marburg im Sommer 2005.

27 Vgl. Matthias Werner, Mater Hassiae – Flos Ungariae – Gloria Teutoniae. Politik und Heiligenverehrung im Nachleben der hl. Elisabeth von Thüringen; in: Politik und Heiligenverehrung im Hochmittelalter. Hg. von Jürgen Petersohn. Vorträge und Forschungen. Hg. vom Konstanzer Arbeitskreis für mittelalterliche Geschichte. Band XLII. Sigmaringen 1994,449-540, 479; sowie Karl E. Demandt, Das Chorherrenstift St. Peter in Fritzlar. Veröffentl. d. Hist. Kommission für Hessen 49/1985, 398.

28 Demandt, Chorherrenstift [Anm. 27], 315.

29 Das Original in lateinischer Sprache befindet sich seit der Säkularisation des St.-Petri-Stifts in der Landesbibliothek Kassel: Landesbibliothek Kassel: Fritzlarer Handschriften. Msc. Theol 118 und 123.

30 Vgl. K. J. Thiele, Fritzlarer Erinnerungen an St. Elisabeth. Unbekannter Herkunft (1957); in: Archiv BGV. St. Elisabeth 1853–1936 [Anm. 24], 750. Geburtsjahr der hl. Elisabeth in Erfurt und Marburg; vgl. hierzu auch Wilhelm Jestädt, Erinnerungen an die hl. Elisabeth in Fritzlar; in: Quellen und Abhandlungen zur Geschichte der Abtei und der Diözese Fulda. Hg. von Georg Richter. XIII. Fulda 1932, 1–27, 9.

31 Gründung des Bistums Erfurt.

32 Staatskirchenvertrag zwischen dem Heiligen Stuhl und dem Freistaat Thüringen.

33 Zur damaligen Zeit nahm man noch 1206 als Geburtsjahr an.

34 Vgl. Beilage zur Fuldaer Zeitung Nr. 53 der Fuldaer Zeitung. o.J. (1886); in: Archiv BGV. St. Elisabeth 1853–1936 [Anm. 24]. Der Fastenhirtenbrief wurde am 2. Februar 1886 veröffentlicht.

35 Beilage Fuldaer Zeitung [Anm. 34]

36 Vgl. Beilage Fuldaer Zeitung [Anm. 34]

37 Dagobert Vonderau, Die Geschichte der Seelsorge im Bistum Fulda zwischen Säkularisation (1803) und Preußen-Konkordat (1929). Reih7e: Fuldaer Studien. Schriftenreihe der Theologischen Fakultät. Band 10. Frankfurt am Main 2001, 333.

38 Vgl. Vonderau, Geschichte der Seelsorge im Bistum Fulda [Anm. 37], 341.

39 Zum Folgenden vgl. Werner Kathrein/Dieter Wagner: Erbe und Sendung I. Das Bistum Fulda im 19. und 20. Jahrhundert. Straßburg 1998, 30 sowie Leinweber: Fuldaer Äbte [Anm. 14], 180f.

40 Kathrein/Wagner [Anm. 39].

41 Vgl. Kirchliches Amtsblatt der Diözese Fulda (KA) Stück XI. vom 12. November 1930 (46. Jg.), Nr. 117.

42 Vgl. Artikel »Elisabeth als Vorbild für die heutige Zeit. Feiern zum 750. Geburtstag der Heiligen – Zehntausend beim oberhessischen Katholiken in Marburg«; in: KNA – Nr. 212, 9. September 1957.

43 Erzbischof Frings bezieht sich auf: Gisbert Kranz, Elisabeth von Thüringen, wie sie wirklich war.

44 Sie ist ausführlich dokumentiert in: Hl. Elisabeth. Festwoche des Bistums Fulda 1981 in Marburg. Dokumentation von Predigten, Vorträgen und Ansprachen. Hg. vom Bischöflichen Generalvikariat Fulda, Fulda o. J.

45 Bischof Eduard Schick, Geleitwort; in: Hl. Elisabeth [Anm. 44], 4.

46 Winfried Leinweber, Ökumene in Marburg; in: Die katholischen Kirchengemeinden in Marburg (Hg.), Festschrift zur 200-Jahrfeier der Wiederzulassung der Katholischen Kirche in Marburg. Marburg, 1988, 109–115, 113.

47 Eisenach (1887 – gehört heute zum Bistum Erfurt), Eschwege (1905), Vacha (1907), Hanau-Kesselstadt (1910–11/1964), Eiterfeld-Arzell (1914), Fulda-Lehnerz (1923/1977), Großenlüder-Bimbach (1933) sowie Bad Soden-Salmünster: Katholisch Willenroth (1935). Vgl. hierzu Dieter Wagner, Elisabeth-Patrozinien im Bistum Fulda. Unveröffentlichtes Manuskript [Stand: 9. August 2006] sowie Christina Reiche, St. Elisabeth-Patrozinien bzw. -Reliquien. Aufstellung [Stand: 23. Februar 2006].

48 Vgl. Justin Lang, Elisabeth von Thüringen und ihre Zeit; in: Elisabeth von Thüringen. Eine Bildbiographie. Mit einem Essay von Justin Lang und Fotografien von Helmuth Nils Loose. Freiburg–Basel–Wien 1993, 9-31, 22.

49 Werner, Mater Hassiae [Anm. 27], 480.

50 Vgl. Hirtenbrief [Anm. 4] 7.

51 Gotteslob. Katholisches Gebet- und Gesangbuch für das Bistum Fulda. Fulda 1975, Nr. 864, 3. Strophe.

52 Hirtenbrief [Anm. 4], 8.

53 In Abwandlung zu Ps 18,30b: »Mit meinem Gott überspringe ich Mauern.«

54 Agnes Mann, Öffnen – heilige Elisabeth. Tuschzeichnung. 1985; in: Marc-Ailko Aris/Dieter Wagner, Unverwehte Spuren. Gespräche über Fuldaer Heilige. Fulda [2]1986.

55 Vgl. Dieter Wagner: Tonbandaufzeichnungen mit Agnes Mann. Unveröffentlichtes Manuskript.

56 Peter Gerloff, Elisabeth von Thüringen. Melodie: »Wohl denen, die da wandeln« (Gotteslob 614); in: »Den Glauben singen – Neue Lieder für die Liturgie« (www.gerloff-hi.de).

57 Vgl. Wies, Elisabeth von Thüringen [Anm. 8], 12.

58 Vgl. Hirtenbrief [Anm. 4], 3.

59 Hirtenbrief [Anm. 4], 3; vgl. auch KNA-Interview von Peter de Groot mit Bischof Algermissen über die heilige Elisabeth. »Vorbild der Nächstenliebe«.

60 Gotteslob [Anm. 51], Nr.864.

Zu den Autoren dieses Buches

Bischof Heinz Josef Algermissen

Geboren am 15. Februar 1943 in Hermeskeil bei Trier. Nach dem Abitur 1963 studierte er Philosophie und Theologie in Freiburg und Paderborn. In Paderborn wurde er am 19. Juli 1969 zum Priester geweiht. Nach elfjähriger Tätigkeit als Vikar in Bielefeld und Meschede wurde er 1980 Pfarrer in Bielefeld-Schildesche. 1974–1979 Studentenseelsorger an der Gesamthochschule Paderborn; 1984 Dechant des Dekanates Bielefeld; 1991 Regionaldekan der Seelsorgeregion Minden-Ravensberg-Lippe. Die Erfahrung als Pfarrer im überwiegend protestantisch geprägten Bielefeld und des Miteinanders von katholischen und evangelischen Christen hat ihn geprägt. So leitete er von 1989 bis 1996 die Ökumene-Kommission des Erzbistums Paderborn. Von 1994 bis 1998 war er auch geschäftsführender Vorsitzender des Priesterrates. Im Juli 1996 wurde er zum Weihbischof in Paderborn ernannt; die Bischofsweihe empfing er am 21. September 1996.

Am 20. Juni 2001 wurde Heinz Josef Algermissen von Papst Johannes Paul II. zum Bischof von Fulda ernannt und am 23. September in sein Amt eingeführt. Im September 2002 wurde er zum Präsidenten der deutschen Sektion der Internationalen katholischen Friedensbewegung »Pax Christi« gewählt. In der Deutschen Bischofskonferenz gehört Bischof Algermissen der Liturgiekommission und der Ökumenekommission an.

Christian Feldmann

Geboren am 19. März 1950 in Regensburg, wo er Theologie und Soziologie studierte. Zunächst freier Journalist und Korrespondent unter anderem der »Süddeutschen Zeitung«, der Deutschen Presse-Agentur und der Katholischen Nachrichten-Agentur. Zahlreiche Features für Rundfunkanstalten in Deutschland und der Schweiz, Mitarbeit am »Credo«-Projekt des Bayerischen Fernsehens. Seit 1985 freier Schriftsteller. Bisher vierzig, in fünfzehn Sprachen übersetzte Bücher, vor allem Porträts klassischer Heiliger und frommer Querköpfe aus Christentum und Judentum.

Zuletzt veröffentlicht: »Elie Wiesel. Ein Leben gegen die Gleichgültigkeit«, »Wir hätten schreien müssen. Das Leben des Dietrich Bonhoeffer«, »Frère Roger, Taizé. Gelebtes Vertrauen«, »Henri Nouwen. Glaube heißt Sehnsucht«, »Kämpfer – Träumer – Lebenskünstler. Heilige und große Gestalten für jeden Tag« (alle Verlag Herder, Freiburg im Breisgau), »Pope John XXIII. A Spiritual Biography« (Crossroad, New York), »Papst Benedikt XVI. Eine kritische Biographie« (Rowohlt, Reinbek bei Hamburg).

Bischof Dr. Martin Hein

Geboren am 6. Januar 1954 in Wuppertal. Nach dem Abitur 1972 studierte er Jura in Frankfurt am Main und Erlangen und Theologie in Erlangen und Marburg. 1977 heiratete er Ruth Gusek, ihre beiden Töchter Katharina und Constanze wurden 1980 und 1984 geboren. Nach der Promotion 1982 zum Dr. theol. in Erlangen und der Vikariatszeit 1982 bis 1984 in Kassel-Oberzwehren wurde er 1984 in der Altstädter Kirche zu Hofgeismar zum Pfarrer ordiniert. Seit 1984 ist Dr. Martin Hein Mitglied der Theologischen Kammer der Evangelischen Kirche von Kurhessen-Waldeck, zeitweise von 1989 bis 2000 deren Vorsitzender. 1984 wurde er Gemeindepfarrer in Grebenstein, 1989 bis 1994 Studienleiter beim Evangelischen Predigerseminar in Hofgeismar, 1995 bis 2000 Dekan des Kirchenkreises Kassel-Mitte. Im April 2000 Habilitation am Fachbereich

Erziehungswissenschaft/ Humanwissenschaften der Universität Kassel im Fach Evangelische Theologie/Religionspädagogik mit Schwerpunkt Kirchengeschichte. Am 1. September 2000 zum Bischof der Evangelischen Kirche von Kurhessen-Waldeck gewählt, von 2001 bis 2006 Stellvertretendes Mitglied des Exekutivausschusses der Leuenberger Kirchengemeinschaft, seit 2003 Mitglied im Zentralausschuss des Ökumenischen Rates der Kirchen. 2005 ernannte ihn die Universität Kassel, wo er seit 1996 einen Lehrauftrag für Kirchengeschichte hält, zum Honorarprofessor.

Landesbischof Dr. Christoph Kähler

Geboren 1944, Er ist verheiratet, hat drei Kinder und vier Enkelkinder. Nach der Schulzeit in Halle, Naumburg und Greifswald und dem Abitur 1962 absolvierte er von 1962 bis 1964 eine Lehre als Elektromonteur. 1964 begann er das Theologiestudium in Jena und Greifswald, 1974 wurde er an der Universität Jena zum Dr. theol. promoviert. Nach der Gemeindevikariatszeit übernahm er 1977 ein Pfarramt in Leipzig und einen Lehrauftrag für Neues Testament am Theologischen Seminar. 1981–1992 Dozent/Professor für Neues Testament am Theologischen Seminar Leipzig/ Kirchliche Hochschule Leipzig; 1986–1988 Leitung des Theologischen Seminars. 1992–2001 Professor an der Theologischen Fakultät der Leipziger Universität, 1997-2000 Prorektor für Lehre und Studium an der Leipziger Universität. Seit 2001 ist Professor Dr. Christoph Kähler Landesbischof der Evangelisch-Lutherischen Kirche in Thüringen mit Wohnort Eisenach.

Bischof Dr. Joachim Wanke

Geboren am 4. Mai 1941 in Breslau (Schlesien). Nach der Vertreibung aus der Heimat kam die Mutter mit ihren drei Kindern (der Vater war 1944 verstorben) in der thüringischen Stadt Ilmenau unter. Hier verlebte Joachim Wanke seine Kindheit und Jugendzeit. Nach dem Abitur und einem kirchlichen Sprachenkurs in Halle schloss sich ab 1960 das Theologiestudium am Philosophisch-Theologischen Studium in Erfurt an. Am 26. Juni 1966 empfing er im Erfurter Dom die Priesterweihe. Nach drei Jahren in der Gemeindeseelsorge erhielt er 1969 die Berufung als Assistent und Präfekt am Priesterseminar Erfurt. Es folgten die Promotion und Habilitation, im Jahr 1974 der Lehrauftrag für neutestamentliche Exegese und 1980 die Berufung als ordentlicher Professor für neutestamentliche Exegese am Studium in Erfurt. Am 2. Oktober 1980 wurde Professor Dr. Wanke von Papst Johannes Paul II. zum Weihbischof in Erfurt mit dem Recht der Nachfolge ernannt. Am 26. November 1980 wurde er zum Bischof geweiht und trat nach dem Tod von Bischof Hugo Aufderbeck am 17. Januar 1981 dessen Nachfolge in der Leitung des »Bischöflichen Amtes Erfurt-Meiningen« an. Nach der Erhebung von Erfurt-Meiningen nach der Wiedervereinigung zum Bistum Erfurt im Jahr 1994 wurde Joachim Wanke am 8. Juli 1994 von Papst Johannes Paul II. zum Bischof des neu gegründeten Bistums Erfurt ernannt. Bischof Dr. Wanke ist Vorsitzender der Pastoralkommission der Deutschen Bischofskonferenz sowie Mitglied in den Kommissionen für Glaubensfragen und Ökumene. Von 1995 bis 2001 war er Vorsitzender der Arbeitsgemeinschaft Christlicher Kirchen (ACK) in Deutschland.

Abbildungsverzeichnis

Seite 56: Relief des Marburger Elisabethschreins (zwischen 1236 und 1249): Elisabeth nimmt Abschied von Ludwig. Ungewöhnliche Umsetzung der Innigkeit eines Liebespaares »auf Augenhöhe«.

Seite 59: Hans Holbein der Ältere (1465–1524), Heilige Elisabeth (München, Pinakothek).

Seite 62: Hans Burgkmaier (1473–1531), Holzschnitt »S. Elsbeth«. Elisabeth, die im Kreise ihrer Dienerinnen/Gefährtinnen mit eigener Hand Wolle spinnt.

Seite 67: Glasgemälde aus der Marburger Elisabethkirche (13. Jahrhundert): Elisabeth übt die Werke der Barmherzigkeit; hier: Elisabeth pflegt Kranke.

Seite 91: Simone Martini (1283–1344), Wandgemälde in der Unterkirche in Assisi: Die heilige Klara und die heilige Elisabeth. Die Nähe Elisabeths zur franziskanischen Armutsbewegung ihrer Zeit wird hier ins Bild gebracht.

Seite 115: Mittelrheinischer Meister, Abbildung aus dem Altar des Kloster Altenberg um 1340: Elisabeth bekleidet die Nackten. Deutung ihres wohltätigen Handelns: Was sie aus ihrem Besitz an die Bedürftigen weiterreicht, hat sie selbst zu diesem Zweck vom Himmel empfangen.

Seite 120: Elisabethstatue aus dem Hohen Dom zu Fulda, ungefasste Holzplastik nach einer Skulptur des barocken Elisabethaltars im westfälischen Rimbeck. Fotografie: © Bischöfliches Generalvikariat Fulda.

Seite 142: Agnes Mann, »Öffnen – heilige Elisabeth«. Tuschzeichnung 1985. Quelle: Marc-Ailko Aris/Dieter Wagner, Unverwehte Spuren. Gespräche über Fuldaer Heilige. Fulda ^{2}1986.

Quelle der Abbildungen:
Soweit nicht anders angegeben, Verlagsarchiv Herder.

Ökumene konkret

Walter Kardinal Kasper

Wegweiser Ökumene und Spiritualität

96 Seiten, gebunden mit Leseband – ISBN 978-3-451-29579-9

Das unentbehrliche Praxishandbuch zur geistlichen Ökumene aus dem Päpstlichen Einheitsrat beschreibt die allen Christen gemeinsamen Grundvollzüge der Spiritualität: Hören auf die Bibel und die großen Glaubenszeugen; Gebet, Gottesdienst und Gestaltung des Kirchenjahres; diakonischer Einsatz und Zeugnis des Glaubens. Mit zahlreichen konkreten Vorschlägen für eine gemeinsame ökumenische Praxis vor Ort.

Walter Kardinal Kasper

Wege der Einheit – Perspektiven für die Ökumene

256 Seiten, gebunden mit Schutzumschlag – ISBN 978-3-451-28601-8

Zwischenbilanz in Sachen Ökumene: Der Vorsitzende des päpstlichen Ökumene-Rates beschreibt Aufgaben und Leitidee der Ökumene aus katholischer Sicht und macht Mut zum Dialog: Es gibt kein Zurück hinter die Ökumene; in ihr geht es um nichts weniger als die Zukunftsgestalt der Kirche

Michael Meyer-Blank / Walter Fürst (Hg.)

Typisch katholisch – Typisch evangelisch

Ein Leitfaden für die Ökumene im Alltag – Aktualisierte Neuausgabe

304 Seiten, Klappenbroschur – ISBN 978-3-451-29460-0

In diesem Leitfaden wird das ökumenische Miteinander in 18 Themen zur Sprache gebracht. Je ein evangelischer und ein katholischer Experte behandeln ein Thema aus der Sicht ihrer Konfession. Eine hervorragende Orientierungshilfe für alle Haupt- und Ehrenamtlichen. Mit Motiven aus der bildenden Kunst und einem ausführlichen Glossar. – Gemeinsam mit dem CMZ-Verlag, Rheinbach